SÉ TU PROPIO REFUGIO

La serenidad de la meditación

Isidro Gordi

Ediciones Amara

Publicado por vez primera en 2013
por Ediciones Amara. Ciutadella de Menorca.

© Copyright de Isidro Gordi
© Diseño de la portada: Federica Mahieu
Maquetación: Yoonah Kim Park

ISBN de la obra: 978-84-95094-47-6
Depósito legal: ME-64/2013

Talleres Gráficos Vigor S.A.
08980 Sant Feliu de Llobregat (Barcelona)

Contenido

Ediciones Amara desea agradecer de un modo especial a Carmen Gálvez la desinteresada ayuda económica que ha hecho posible la publicación de *Sé Tu Propio Refugio: La Serenidad de la Meditación*.

Su acto hace realidad una de las estrofas de dedicación de la *Guía a la Forma de Vida del Bodhisatva*, compuesta por Shantideva (685-763):

[37] Que las enseñanzas, la única medicina para aliviar el dolor y el único origen de toda alegría, sean materialmente apoyadas, veneradas y se mantengan a lo largo del tiempo.

Para Marta
Para mis hijos, Shanti y Amara.
Para mis nietas Abril y Thaís…
y l@s que sigan.

Espiritualidad: ¿Religión o filosofía?

esde los años sesenta, tanto la meditación como la filosofía budista se han ido asentando en la mayoría de países occidentales, y aunque ya han pasado cincuenta años, los monasterios y centros de estudios de budismo de todas las tradiciones siguen floreciendo.

En el transcurso de esta paulatina irrupción no tenemos constancia de "misiones" o "misioneros" budistas, y no existe ninguna institución cuyo propósito sea instaurar el budismo en los pueblos de occidente, tal como ocurrió en su día con el cristianismo. No forma parte del ideario filosófico budista convertir nuevos adeptos. El propio Buda advertía de las desventajas de una actitud proselitista: argumentaba que la enseñanza sólo debe darse a quien la pide… y no solo debe pedirla una vez, sino ¡al menos tres!

Por nuestro bagaje cultural nos resulta llamativo que el seguidor de una religión particular no pretenda convencernos, de un modo abierto o velado, de que su doctrina es la mejor. Y es más que probable que algunos nuevos budistas caigan en éste, el peor de todos los fanatismos: "el del converso". Pero, en cualquier caso, su actitud iría rotundamente en contra de los principios del Noble Buda a este respecto.

Cuando el cristianismo llegó a Europa hace unos

dos mil años, chocó y de qué manera! con la cultura greco romana imperante. Sin embargo, aquellas ideas que fueron instauradas por los cristianos de la época, hoy en día son consideradas como propias en esta parte del mundo. Se han ido enraizando con tanta fuerza en nuestro suelo que nos parece casi ridículo escuchar que se trataba de un sistema de pensamiento totalmente ajeno y, en muchos casos, inaceptable para la *intelligentsia* romana establecida. El notable refinamiento intelectual del denostado paganismo enaltecía la filosofía en sus distintas variantes (sofismo, hedonismo, platonismo, estoicismo, cinismo…) exaltaban la ciencia, los aspectos pedagógicos del deporte, la medicina, la música, el teatro y tantas otras disciplinas.

Actualmente, para la inmensa mayoría de occidentales la sola mención de palabras como "religión", "espiritualidad" o "vida interior" tiene connotaciones, si no negativas, por lo menos cargantes. La crisis religiosa que asola occidente es innegable. Seguramente, uno de los factores responsables de esta circunstancia haya sido la actitud errónea que ha ido emanando de las altas instancias jerárquicas cristianas a lo largo de los siglos. Basta recordar las persecuciones religiosas promovidas, dentro del cristianismo primero, y fuera de él después. Estas épocas marcadas por la concatenación de injusticias institucionales, acabaron por despojar al término "religión" de su verdadero sentido. También en nombre del budismo han tenido lugar episodios violentos, aunque, ciertamente, muy aislados. Es probable que en algunos países de arraigo budista se hayan producido excesos, si bien no han sido tan desmedidos como los que derivaron de la implantación del cristianismo en Europa. Aspectos innegablemente oscuros de nuestra historia llevaron al gran pensador del siglo pasado Frederick Nietzsche, a proclamar a los cuatro vientos que Dios había muerto. Más recientemente, el célebre científico Stephen Hawking ratificó tal afirmación explicando al mundo su teoría de que el universo no precisa de un Creador para su existencia.

Las instituciones tienen que existir y, con toda seguridad, aportan apoyo y solaz a un gran número de personas, pero la verdadera espiritualidad no tiene por qué residir exclusivamente dentro de ellas. En la tradición budista es costumbre, aun en nuestros días, que algunos meditadores se aparten a vivir a lugares remotos, alejados de las complicaciones que conlleva vivir en una sociedad, aunque sea la monástica.

Quiero hacer aquí un inciso para diferenciar entre lo que, a mi modo de ver, es la "consciencia religiosa" y en lo que puede llegar a convertirse "la pertenencia a una organización religiosa" de cualquier confesión, incluida la budista. Leí no hace mucho una fábula que me parece extremadamente ilustrativa al respecto. Parece ser que en una ocasión unos discípulos del diablo se presentaron ante él muy preocupados para decirle: "Maestro, otro humano se ha iluminado, tienes que hacer algo o transformará a toda su especie y nuestro infierno se quedará desierto". El Diablo respondió tranquilamente: "No hace falta preocuparse, algunos de sus discípulos ya están en camino, crearán una organización alrededor de él y ya no habrá necesidad de que hagamos nada. La organización lo hará mucho mejor que nosotros, la historia me lo ha enseñado, ellos hacen todo el trabajo por mí. Cuando nombren a un Papa, se olvidarán de Cristo; Cuando instauren un Templo, Buda habrá muerto".

Efectivamente, la historia está llena de episodios nefastos que le dan la razón al diablo de este cuento. Las instituciones religiosas no deberían perder de vista el peligro de convertirse en su propio enemigo...

Pero, el propósito de mi libro no es explorar la historia del budismo y su evolución a medida que se ha ido implantando en nuevas latitudes, sino más bien ver si algunos de sus principios filosóficos básicos pueden convertirse en experiencias sanadoras en el corazón de las personas: algo que nos AYUDE a vivir mejor, independientemente de la creencia que profesemos. He escuchado de boca de mis Maestros que la filosofía budista nunca debería enseñarse para convertir a los demás, sino para *ayudarles* a ser felices.

Mi propósito es que el lector comprenda que la enseñanza que dio el Buda no tiene nada que ver con la asociación de conceptos peyorativos con que solemos etiquetar "religiosidad", "espiritualidad" o "vida interior". Mi intención no es "convertir" al lector al budismo sino más bien animarle a abrir la mente a la valiosa belleza de la ESPIRITUALIDAD en mayúsculas, y para que aproveche todo aquello que pueda mejorar su vida.

Una espiritualidad auténtica no tiene por qué estar necesariamente vinculada a la idea de un Dios Creador, a una forma particular de vestir, de alimentarse o a la ausencia de sexo. Tampoco hace falta pertenecer a una afiliación política particular o verse obligado a asistir a aburridas ceremonias que pocos entienden... y lo que es peor, muy pocos sienten. El instinto espiritual, como el sexual, es innato en los seres humanos, y del mismo modo que reprimir la energía sexual no es conveniente, ignorar nuestra espiritualidad tampoco lo es. En occidente ha costado siglos llegar a una relación relativamente sana con la sexualidad. Hoy en día, por causas distintas, es la espiritualidad la que está reprimida en nuestro interior. ¿Cómo explicaríamos si no el sentimiento de alienación, soledad, falta de valores y desánimo que tanto afecta a las sociedades modernas?

De manera sucinta se podría afirmar que una espiritualidad consciente y positiva debería implicarnos en la práctica de técnicas cuyo resultado fuera despertar en nosotros cualidades como la sabiduría y la compasión. ¿Puede un cristiano, un musulmán, un ateo, un agnóstico, prescindir de estos valores? ¿Cómo se podrían definir la filosofía y la meditación budistas? En palabras muy llanas: "Una experiencia interior capaz de protegernos del dolor y la insatisfacción latentes en cada ser humano". Se trata de un sistema de exploración interior, un GPS para conducirnos a lo más profundo de nosotros mismos y hallar respuestas a los interrogantes que nos inquietan. Una práctica así se convierte en una búsqueda personal muy dinámica, no nos permite conformarnos con seguir los rituales y costumbres establecidas en una organización religiosa concreta: Nos exige una implicación muy activa si deseamos resultados.

Tanto la meditación como la filosofía budistas tienen como objetivo sacar a la luz nuestra agudeza espiritual y hacer de nosotros seres más preparados para responder con sabiduría a los avatares de la vida.

Hoy en día oímos hablar de "religión del vacío", "inteligencia espiritual", "espiritualidad laica"... Se trata de pequeños grupos formados por gente corriente que vive una sana y fructífera espiritualidad, enfocando su práctica en el mensaje esencial y dejando de lado lo que es accesorio. Lo que de verdad necesitamos y bucamos las personas es el *silencio* y el goce interior que proviene de la experiencia del vacío, de la sabiduría que comprende nuestra propia naturaleza.

Este libro está basado en la enseñanza de Buda, en él hablaré del budismo. Pero, ¿qué nos trae este "ismo" a la mente? ¿Quizá la romántica imagen del novelesco monje Lobsang Rampa descubriendo su tercer ojo? ¿Gompas abarrotadas de hábitos color azafrán, envueltos en una nube de incienso?... Pido al lector que trate de desnudar su mente de imágenes preconcebidas para adentrarnos juntos en este camino de conocimiento, sin dejar que los estereotipos que se han ido forjando en nuestro *background* cultural limiten la *ilimitada* experiencia que puede proporcionarnos el "budismo" en estado puro.

Las Cuatro Nobles Verdades fue la primera enseñanza que impartió el Buda, son verdades que van más allá de aspectos culturales orientales porque nos afectan directamente a cada uno de nosotros. Empiezo mi exposición planteando las Cuatro Nobles Verdades como preámbulo con el propósito de remarcar la relevancia que tienen en nuestra vida cotidiana.

Breve exposición de Las Cuatro Nobles Verdades

¿Qué significa tomar refugio? ¿Por qué es necesario tomar refugio? ¿Qué tienen que ver con mi vida un personaje como Buda, una enseñanza como el Dharma y una comunidad de practicantes llamada Sangha? ¿Debo hacerme o sentirme budista para tomar refugio en estos tres objetos, que se conocen como las Tres Joyas?

En los tres capítulos que siguen trato de reflejar las razones por las que es conveniente plantearse tomar refugio en Buda, Dharma y Sangha. Si entendemos nuestra verdadera situación de vulnerabilidad, y conocemos a fondo estos tres objetos de refugio, buscar protección en ellos no tan solo nos parecerá necesario, sino natural.

Precisamente para hacernos evidente nuestra situación existencial, el Buda enseñó las Cuatro Nobles Verdades:

La noble verdad del sufrimiento.
La noble verdad de las causas del sufrimiento.
La noble verdad del cese del sufrimiento.
La noble verdad del sendero.

Una cita de Maitreya en su *Continuo Sublime* (Skt: *Uttaratantra*) reza así:

> La enfermedad debería ser identificada y su causa eliminada.
> La salud debería ser obtenida, y el remedio aplicado.
> De igual modo, el sufrimiento, su causa, su cese y el sendero deben identificarse, eliminarse, obtenerse y ponerse en práctica.

Buda dijo que la primera de estas cuatro verdades debe ser identificada; la segunda, abandonada; la tercera, obtenerse o experimentarse, y la cuarta, ponerse en practica hasta el final.

Cuando observas el orden de estas cuatro afirmaciones constatas que, en primer lugar, aparece el efecto (la verdad del sufrimiento) y después su causa (las emociones aflictivas y el karma). A simple vista parece que deberían presentarse a la inversa: primero la causa y después su resultado. Pero Buda tenía una clara intención al hablar primero del efecto y después de la causa. Tras su iluminación, se dio cuenta de que los seres conscientes sufren un engaño básico incorporado a su nacimiento. Debido a este engaño "congénito" confunden el samsara —donde son prisioneros de la insatisfacción y el dolor— con la fuente del placer y felicidad. Para desactivar este error fundamental, Buda empezó su enseñanza presentando la verdad del sufrimiento.

Este era su propósito: ayudarnos a detectar con claridad la situación insatisfactoria en la que nos encontramos los seres conscientes, porque sólo así podemos despertar el deseo de liberarnos. Este deseo, sincero y firme, es un estado mental muy particular que se ha venido traduciendo como "renuncia al samsara".

En occidente solemos asociar el término "sufrimiento" (skt: *dukha*) a situaciones extremas, cuando estamos deprimidos, cuando nos diagnostican una enfermedad terminal, cuando tenemos un accidente, nos dan una mala noticia, cuando pasamos hambre, sed o penurias económicas... Cierto, todos estos extremos son sufrimiento, pero *dukha* abarca muchas cosas más: el ansia, la insatisfacción, la competitividad, el rencor, la envidia, la agitación descontrolada, no encontrar un sentido a la existencia, el vacío interior... todas estas son realidades íntimas invisibles que nos causan dolor, que nos hacen sufrir incluso más intensamente que las antes citadas. Constatamos con pesar el hecho irrefutable de que las cosas buenas duran muy poco y de que hay en nosotros un potencial para seguir experimentando estas situaciones sin ningún tipo de control por nuestra parte.

Aquí se plantea la primera gran duda: en general, deberíamos considerarnos personas felices puesto que tenemos casa y sustento, entretenimientos, amigos, familia, trabajo, y nos han repetido hasta la saciedad que estas son las cosas que hacen feliz al hombre. Pero esta idea preconcebida es, precisamente, una de las causas principales del sufrimiento. La felicidad auténtica no puede depender *sólo* de lo que nos rodea, porque lo podemos perder en cualquier momento. Esta es la condición intrínseca del samsara, es la propia naturaleza de las cosas: Tarde o temprano lo vamos a perder todo...

El despertar de la inteligencia espiritual empieza a

partir de una visión clara e imparcial de nuestra situación. No nos hace ningún bien tratar de convencernos a nosotros mismos de que todo va bien, porque no es así. En los *Cuatrocientos*, Aryadeva señala:

> Siendo que no tiene fin este océano de dolor,
> ¿Por qué vosotros, niños, no teméis hundiros
> en él?

Así pues, tomamos como punto de partida la Noble Verdad del Sufrimiento, que debe ser contemplada desde todos los ángulos con el fin de despertar un sentimiento de desapego hacia la condición engañosa de la vida samsárica. Este sentimiento se conoce también como renuncia.

La palabra "renuncia" ha provocado y sigue provocando muchos quebraderos de cabeza a los traductores de enseñanzas budistas. En castellano, se suele asociar a un estado mental triste, de rechazo a las cosas bellas, a las personas atractivas o disfrutes de cualquier índole. Pero, es todo lo contrario: la renuncia que vamos a ir descubriendo es un estado mental equilibrado, inteligente y dichoso, pues está libre del espejismo que nos hace creer que *es posible* encontrar la felicidad duradera en los placeres cotidianos. Aunque resulte paradójico, solo cuando te des cuenta de que el samsara no puede proporcionarte la felicidad que persigues, encuentras la calma interior necesaria para saborear y disfrutar los placeres de la vida porque aprendes a darles su justo valor: *son breves chispas de placer temporal.* La renuncia te capacita para deleitarte con lo que tienes y gozar de ello más intensamente que cuando estabas absorto en la búsqueda compulsiva de una satisfacción que se te escapaba de las manos. La sabia mente de la renuncia es un estado de complacencia, de alegría y paz interna.

El mensaje esencial de la primera verdad del Buda es que reconsideres lo que hasta ahora creías que era "felicidad". Es esencial impregnarse de esta verdad, entender el sentido más profundo de *dukha*, ya que de seguir en la misma situación serás como aquel prisionero que, aun con la puerta de su celda abierta de par en par, se resiste a salir de ella. Aryadeva, en sus *Cuatrocientos*:

> ¿Cómo puede alguien que no siente aversión hacia
> esta existencia despertar interés por la pacificación?
> Igual que dejar tu hogar es difícil, también lo es dar
> la espalda a la existencia mundana.

Estamos tan habituados y tan profundamente apegados a nuestra existencia imperfecta que nos sentimos como en casa en ella. No nos gusta escuchar que esta pudiera ser, precisamente, la causa de nuestros problemas.

Buda se explayó en sus descripciones de la Noble Verdad del Sufrimiento para que dejásemos de ser, decía, como niños pequeños deslumbrados con los atractivos brillos del océano del *samsara*.

Uno de los beneficios de profundizar en la primera Noble Verdad es que te ayuda a despertar el intenso deseo de apartarte de las causas de tu *dukha*, de tu sufrimiento: las emociones aflictivas y la actividad que se produce por su causa.

La raíz de todas las emociones aflictivas es la ignorancia, específicamente, la tendencia innata de aferrarnos a una concepción errónea del yo: verlo como una entidad permanente, sustancial e independiente. Por culpa de esa ignorancia congénita dotamos al yo convencional y existente — el que es válidamente imputado sobre la base de nuestros cinco agregados[1]— de estas propiedades ficticias a las que nos aferramos. Este yo distorsionado se convierte en el foco de toda tu atención, es tu centro de gravedad y origina las emociones aflictivas básicas: el apego y la aversión, a las que les siguen innumerables derivados o emociones secundarias, cuyo efecto es perturbar tu mente y privarte de ser feliz.

Profundicemos en lo dicho. La noble verdad del sufrimiento — o *dukha* — tiene una causa. Esta causa son las aflicciones mentales (skt: *kleshas*) que nos hacen crear karma. Aunque se habla de 84.000 aflicciones mentales, se pueden reducir a tres: Son la ignorancia, la aversión y el apego — o deseo negativo —. Como un rey asistido por sus dos ministros, mandan en nosotros y nos impulsan a crear *karma*. Por culpa de la ignorancia — el rey — vivimos encadenados a un ciclo de frustración y deseo que nos incita a crear actos — o karma — con el cuerpo, con la palabra y con la mente. La asociación de las emociones aflictivas y el *karma* son el motor que nos mueve hacia experiencias abocadas al dolor porque todo lo que hacemos, decimos o pensamos no se desvanece en un agujero negro, sino que se acumula en nuestro continuo mental en forma de potencial. Dicho potencial tiene la función de programar nuestra mente en forma de tendencias, ideas, hábitos y puntos de vista que van configurando la re-

---

[1] *Agregados* es un término técnico para denominar a las partes de las que una persona está compuesta: forma, cuerpo, sensaciones, discernimiento, factores composicionales, y la consciencia.

alidad en que cada uno vive. Como si se tratara de un disco duro en un ordenador, nuestra mente reacciona en función de las informaciones — o potenciales — de que dispone. De ahí que cada uno de nosotros vea, en-tienda y experimente el mundo del modo en que su base de datos kármica le permite. Y cada ser en esta tierra tiene su propio karma, personal e intransferible.

Es decir, lo que vemos a nuestro alrededor no existe únicamente fuera, sino que una parte importante de esta existencia que constatamos procede de nuestro interior. Es una manifestación de nuestro potencial kármico, este material kármico almacenado se presenta en forma de experiencia. Cada uno de nosotros vive su propia realidad porque, en un sentido, la ha creado con su karma. Si es así, quiere decir que nuestros actos, pensamientos y palabras tienen el poder de transformar el mundo y a nosotros mismos, y esto significa que podemos salir de esta situación en la que nos encontramos atrapados. ¡Otra realidad es posible!

El karma acumulado a lo largo del tiempo se expresa a través de un factor mental que siempre está presente, la sensación, la mera experiencia que tenemos de las cosas. Es muy simple, cada vez que se manifiesta una sensación agradable está madurando un karma positivo acumulado en esta vida o en las pasadas; cuando se manifiesta una sensación desagradable está madurando un karma negativo, y con una sensación neutra madura un karma neutro.

Darte cuenta de que la ignorancia es temporal y, en consecuencia puede ser eliminada aplicando su antídoto, te inspirará para lograr la tercera Noble Verdad, la Cesación del Sufrimiento. En este contexto "cese" es sinónimo de Nirvana o Iluminación, y significa que aunque desearas sufrir no podrías porque las causas que producen dolor han sido completamente extinguidas de tu interior. A partir de aquí, lo único que nos falta es conocer el método para alcanzar dicho cese: la Cuarta Noble Verdad, el Sendero.

La única manera de llevar a cabo esta "cirugía de alta precisión interior" es aplicando la verdad del sendero. En el último capítulo de este libro presento su esencia basándome en las Seis Perfecciones, según el célebre texto *Una Guía a la Forma de Vida del Bodhisatva* de Shantideva (685-763 d.C.).

Seguramente ya nos estaremos formulando la siguiente pregunta: ¿De verdad es posible experimentar el cese del sufrimiento? ¿Es la Iluminación una posibilidad real o una quimera? Las enseñanzas budistas afirman que Sí es posible, por tres motivos:

1) Porque el sufrimiento y sus causas tienen una raíz. En consecuencia, arrancando de cuajo esta raíz, el sufrimiento se desvanece.
2) Porque las cosas no son estáticas. Las emociones aflictivas no están siempre activas en la mente, dado que dependen de causas que les permitan aflorar, es posible eliminarlas.
3) Por la fuerza del oponente. Cada emoción aflictiva tiene su oponente, cuanto más se desarrolle el poder oponente más se irá debilitando la emoción aflictiva particular.

El Nirvana y la Iluminación son posibles porque los obstáculos que impiden tanto uno como otra pueden ser eliminados. El primer nivel de obstáculos lo crean la proliferación de emociones aflictivas y sus semillas en nuestro interior. El segundo nivel de obstáculos son las impresiones o huellas que dejan en la mente una vez se han eliminado.

La ignorancia que desconoce la realidad última es la causa principal en ambos casos. Y esta se puede desenraizar dando lugar a la sabiduría que conoce el vacío: Este es el propósito final de meditar.

¿Qué prácticas debemos incorporar para acabar con las dos primeras verdades, el sufrimiento y sus causas? Todas aquellas que nos lleven a la sabiduría que comprende la verdadera naturaleza de nuestro ser y de las cosas que nos rodean. Esta sabiduría ataca directamente la causa del sufrimiento, destruye la ignorancia.

La ignorancia despliega un velo sobre la realidad y no nos permite verla tal cual es, nos sume en una oscuridad cognitiva que nos impide comprender qué somos y cómo existimos realmente. Es una ceguera que no nos deja ver nuestra propia transitoriedad y ausencia de existencia intrínseca. Es como un defecto congénito que nos confunde, nos vemos a nosotros mismos y a los demás dotados de una existencia independiente de la que carecemos. Todo y todos somos entidades dependientes. Este fallo que tenemos incorporado en el sistema cognitivo nos induce a concepciones incorrectas.

La sabiduría es el oponente a la ignorancia. Detecta el error básico, actuando como una luz que nos permite ver la realidad de un modo perfecto. Es un factor mental que comprende el modo erróneo en que te ves a ti mismo y a la realidad que te envuelve.

Pero, para poder penetrar en las profundidades de tu ser con la magnífica lámpara de la sabiduría necesitas concentración, y ésta, a su vez, necesita fundamentarse en un comportamiento ético basado en el amor por todos los seres vivos y la armonía en tu corazón. Es difícil estabilizar la mente y apartarla de las distracciones si tu manera de proceder general es negativa.

De la ignorancia derivan dos emociones aflictivas muy destructivas: el deseo ignorante, y el odio o aversión. El deseo ignorante, al entrar en contacto con un objeto agradable, actúa exagerando sus cualidades, desea poseerlo y no verse apartado de él. Las escrituras dicen que es como el aceite que ha empapado una tela... muy difícil de quitar. Lo que subyace debajo de la emoción del deseo ignorante es, precisamente, la ignorancia porque se apoya en la falsa idea de que el objeto que suscita tu interés se manifiesta ahí fuera, por sí mismo, y no en dependencia de tu bagaje kármico. (De ahí que haya optado por la traducción deseo ignorante en lugar del término apego que se venía utilizando hasta ahora, porque es más preciso y se ajusta más al vocablo original).

Por el otro lado, la aversión o enfado, odio, ira...observa un objeto desagradable y exagera sus defectos, hasta el punto de desear perjudicarlo. La aversión, en cualquiera de sus variantes, es como un fuego que consume nuestra buena energía. Todo lo que te incomoda puede llegar a convertirse en el objeto de tu hostilidad. La aversión abarca desde la más leve irritación al odio exacerbado, pues todas sus expresiones tienen en común el deseo de perjudicar o anular el objeto que las provoca. De nuevo, la ignorancia es responsable de exagerar las faltas que no son propias del objeto, sino que son fruto de las propias proyecciones, y éstas, a su vez, están condicionadas por el karma individual.Shantideva gran erudito, filósofo y yogui tántrico decía en su *Guía a la Forma de Vida del Bodhisatva*:

> Cuando los enemigos ordinarios son desterrados,
> Se asientan en otro lugar para recuperar fuerzas
> y regresar. Pero, en lo que respecta a mi enemigo
> principal, las emociones aflictivas, es diferente.

> Cuando las emociones aflictivas sean desterradas
> de mi mente por el poder de la sabiduría ¿a dónde irán?
> ¿Desde dónde vendrán para volver a perjudicarme?

Así pues, el estudio de las Cuatro Nobles Verdades[2] nos ayuda a comprender nuestra situación en el mundo y la infalibilidad del Buda como Maestro. Cuanto más profundizas en las Cuatro Nobles Verdades más entiendes que alcanzar la Iluminación es posible. Y esto mejora tu interés y confianza. Aunque, objetivamente, no es posible establecer diferencias entre la creencia, — o la fe — de una persona que basa sus ideas en la razón y la de aquella que cree de un modo ciego, subjetivamente, sí las hay.

Las Cuatro Nobles Verdades son un mensaje positivo para la humanidad: *todas las emociones aflictivas responsables de nuestro malestar, pueden ser eliminadas.* Quien lo logra está en el Nirvana, que es *"la extinción del fuego doloroso causado por las emociones aflictivas".* Cuando este estado de mente se vincula al más puro altruismo, el ser se transforma en un Iluminado, en un Buda.

Comprender que las cuatro verdades nobles son infalibles nos proporciona una guía, un Maestro interior para afrontar la diferentes vicisitudes de la vida.

---

2 Ver *Las Cuatro Nobles Verdades del Buda*, por Gueshe Tashi Tsering, publicado por Ediciones Amara.

Por su vital importancia, y por ser el eslabón principal en nuestro camino espiritual, me explayaré en la descripción de las dos primeras Nobles Verdades.

La Noble Verdad del Sufrimiento, La Noble Verdad de sus Causas

Podríamos afirmar que nuestra vida gira alrededor de tratar de encontrar experiencias agradables, para después aferrarnos a ellas y tratar de que no se nos escapen. El consejo del Buda es que, puesto que al final se escapan —y constatamos que esto nos ocurre demasiado a menudo— es mejor percatarnos cuanto antes de que lo que creíamos que era un estado de felicidad, solo es un engaño al que nos enganchamos con insistencia.

Según el Iluminado, adulterar de este modo la realidad solo sirve para empeorar las cosas; es mejor, dice, asumir nuestra circunstancia lo más claramente posible. Te repites: "bueno, las cosas son así, mejor ignorar lo malo y disfrutar de lo bueno que nos toca vivir". Pasan los años y sigues tratando de no tomar en cuenta lo desagradable, sin entender que con esta actitud tu situación no mejora. El Buda te dice que si quieres cambiar algún día tu realidad, has de empezar afrontando también lo malo, por desagradable que te resulte.

Si lo piensas, es como si la vida estuviera construida en base a nuestra habilidad para neutralizar el dolor, para hacernos creer a nosotros mismos que podemos evitarlo porque, en todo caso, es algo que solo ocurre de vez en cuando. Queremos creer que el estado natural de las cosas es que nos merecemos ser felices y que lo "antinatural" son las desgracias con las que tenemos que lidiar de vez en cuando.

Gueshe Tashi en *El Gran Vacío* [3] dice:

> No necesitamos devoción, fe, o creer en Buda sólo necesitamos ser conscientes de cómo existen realmente las cosas.

Volviendo al término "sufrimiento", se trata de una traducción muy pobre e imprecisa del vocablo sánscrito utilizado por el Buda: dukha. Voy a tratar de alumbrar dicho término presentando la enseñanza conocida como los "tres sufrimientos generales".

El sufrimiento del sufrimiento. Este nivel de dukha, abarca desde un simple dolor de cabeza a una depresión. Se refiere a los cuatro sufrimientos básicos —nacer, enfermar, envejecer, morir— y los sufrimientos obvios que nadie desea experimentar: incertidumbre, insatisfacción, ansiedad, enfermedades diversas. Las escrituras dan una analogía para entender este nivel de dukha: echar sal en una herida. ¡Duele, escuece! Sentimos nuestra carne abierta y nos estremecemos de dolor. Todo el mundo es capaz de entender este tipo de malestar. En este contexto, hablar de "sufrimiento" sería una interpretación adecuada. Pero los dos niveles de dukha que vienen a continuación demuestran claramente que es una traducción algo coja.

---

3 *El Gran Vacío* de Gueshe Tashi Tsering forma parte de la serie Fundamentos del Pensamiento Budista y ha sido publicado por Ediciones Amara.

El sufrimiento del cambio. Se refiere al placer que produce un cambio a mejor, entendido como una mera alternancia en nuestras percepciones o actividades. Este es un poco más difícil de detectar puesto que, generalmente, solemos considerarlo "bienestar" o "felicidad". Es aquello a lo que dedicamos la mayor parte de nuestra energía vital. Todas las religiones hablan de la banalidad de las cosas del mundo, refiriéndose a la búsqueda incesante de una gratificación siempre relativa. La analogía aquí es la siguiente: verter agua fresca en la herida abierta para calmar el dolor producido por la sal. ¡Qué placer!

El sufrimiento que lo impregna todo. Este es el tercero y último. Las escrituras se refieren a él como nuestro propio cuerpo y nuestra mente, entendidos como la base donde se experimenta la energía de nues~tra actividad física, verbal y mental acumulada en el pasado. Esta energía creada con nuestros actos, o karma, se reproducirá indefectiblemente en forma de experiencias agradables, desagradables y neutras. Siguiendo con el símil, este sufrimiento o dukha es la herida misma, es el potencial que te acompaña a lo largo de todas tus vidas para hacerte experimentar tanto *el sufrimiento del sufrimiento* como *el sufrimiento del cambio.* No importan tus creencias, tus ideas, quien seas o de donde procedas. La herida es tu realidad.

De los tres tipos de *dukha,* el que lo impregna todo es el más difícil de reconocer. Se dice que para apreciar su verdadero sentido y profundidad es preciso comprender la impermanencia sutil. Dharmakirti en su *Comentario al Sutra de la Cognición Valida,* afirma que el Buda pensaba en este tipo de sufrimiento cuando aconsejaba meditar en dukka, y es así porque produce el sentimiento de renuncia más profundo. En realidad, incluso los animales desean evitar el primer nivel de sufrimiento. Darse cuenta de que las experiencias de felicidad son pasajeras, es más difícil. Pero requiere mucho estudio y meditación entender el potencial para sufrir que reside en nuestro cuerpo y mente, el tercer nivel. Puesto que los seres nos movemos siempre entre estos tres estados, la vida es dukha.

Meditar en el sufrimiento no nos libera directamente pero es esencial ya que nos instiga, nos hace ver la necesidad de desarrollar la sabiduría que sirve como antídoto a una existencia de pesadumbre. Lama Tsong Khapa en su *Canción del Lam Rim* señala:

> Si no te esfuerzas en reflexionar sobre la primera noble verdad, el sufrimiento, desafortunada consecuencia de tus acciones sin virtud, no estarás suficientemente motivado para interesarte en lograr la liberación de este sufrimiento.

> Si no haces un esfuerzo por pensar en la segunda noble verdad, la causa de tus continuos renacimientos en samsara, no conocerás los medios para cortar la raíz del samsara, que es ignorar sunyata [4].

> Por consiguiente, a fin de generar una fuerte motivación para lograr la liberación debes desarrollar un aborrecimiento total por el sufrimiento y tener una renuncia pura al samsara. Por esto, es muy importante que conozcas con precisión cuales son los factores que te atan al samsara.

---

4 *Sunyata* es la palabra sánscrita para referirse al "vacío" o la "vacuidad"

> *Yo, que he recorrido el verdadero camino que conduce a la Iluminación, he tenido la experiencia de hacer justamente eso. Si tú también buscas liberarte, por favor, actúa de la misma manera.*

Al principio, el modo de proceder es meditar en el sufrimiento que conlleva nacer, enfermar, envejecer y, eventualmente, morir. Meditar en el hecho de que nuestras experiencias placenteras resultan siempre ser muy breves. Así nos damos cuenta de que estamos sujetos a la impermanencia en su versión más burda.

Meditar en el tercer tipo de sufrimiento te revela que tus agregados — cuerpo, sensación, discernimiento, factores composicionales y consciencia —, están sujetos a la impermanencia sutil, y al yugo de las emociones aflictivas y el karma.

"Impermanencia sutil" significa que tus agregados cambian a cada instante, son como los cambios que se producen en una gota de agua, imperceptibles a simple vista, pero presentes en todo momento. Esta contemplación te separa de la idea errónea de que los agregados puedan llegar a proporcionarte felicidad o de que puedas apoyarte en ellos para conseguirla. Viendo que no son de fiar y que son insatisfactorios, per se, aparecerá el deseo genuino de liberarte de ellos, y con este fin te entregarás a la guía y protección que proporcionan Buda, Dharma y Sangha.

Hay otra manera de reflexionar en los tres tipos de sufrimiento y es la siguiente. Siéntate, presta atención a la respiración con el fin de centrarte interiormente, sigue tu aliento sin distracciones. Una vez la mente reposa calmada reflexiona en lo siguiente:

El sufrimiento del sufrimiento : piensa en cualquier sensación desagradable, física o mental que experimentas en tu vida. Revisa tu día a día, tus cargas, tus penas, tu trabajo, tus relaciones y trata de recrear lo que te causa desazón y malestar (cosa que en esta época de crisis económica e incertidumbre te resultará relativamente fácil de hacer).

El sufrimiento del cambio : piensa ahora en cualquier sensación agradable. Recuerda, se clasifican como sufrimiento no porque sean malas en sí mismas, sino porque cualquier experiencia gozosa suele ser muy breve. En cierto modo, cuanto más detectas este nivel de sufrimiento más se pone en tela de juicio tu obsesiva atracción atávica por la búsqueda de los placeres que crees te proporcionarán la paz que anhelas. Te darás cuenta de su transitoriedad y fragilidad. Aunque, ciertamente, las sensaciones agradables, nuestros placeres, son satisfactorios cuando surgen y mientras se mantienen, se transforman en dolor cuando cambian y desaparecen, es decir, cuando cesan… ¡y siempre lo hacen! En estos momentos de crisis social es más constatable. Quizás tú mismo te has quedado sin trabajo, casa, vacaciones o placeres diversos que antes tenías y que has debido suprimir.

El gran erudito Vasubhandu afirmaba en su *Abhidharmakosha* : "no hay sensaciones agradables, cualquier sensación es sufrimiento". Y era así de contundente porque las sensaciones agradables no tienen una naturaleza estable. Si se observan detenidamente las fuentes habituales de nuestros placeres — comer, pasear, tumbarnos al sol, tomar el fresco, tomar una copa, escuchar música, leer, seguir a nuestro equipo de fútbol preferido, lo que sea —, puede convertirse en sufrimiento cuando abusamos de ellas, señal inequívoca de que desde su mismo origen ya tienen el potencial para crear dolor. Si comer fuese realmente una causa para conseguir felicidad, cuanto más comiéramos, más felices deberíamos ser, pero lo cierto es que comiendo sin parar solo conseguiríamos un empacho. Lo mismo con respecto a tomar el sol, si no nos cubrimos a tiempo puede acabar en insolación. Cierto, ponerse al fresco en un día de sol es muy reconfortante, pero al cabo de unas horas habría bajado la temperatura y tiritaríamos de frío. Podemos cenar disfrutando una copa de buen vino, pero si nos bebemos la botella entera, acabamos sintiéndonos fatal. Vasubhandu concluye diciendo que el ignorante califica de "sensación agradable" lo que es solo *una mera disminución del dolor.*

El sufrimiento que lo impregna todo: Medita en cualquier sensación neutra, entendiendo que las sensaciones neutras son las causantes de un profundo sentimiento de insatisfacción y angustia. Tienen el potencial para hacerte ir del primer nivel de dukka al segundo, ambos asociados a las experiencias desagradables y las agradables.

Una cita de un erudito anónimo que aparece tanto en el *Abhidharmakosha*, de Vasubhandu, como en los textos de Chandrakirti advierte de la dificultad de identificar el tercer tipo de sufrimiento:

> Un humano no nota el peso de una pestaña en la palma de su mano, pero le duele si está en su ojo.
> Los inmaduros no perciben la pestaña del sufrimiento que lo impregna todo; pero a los sabios, sensibles como el ojo, les causa una profunda desazón.

Para ayudarte a ver el alcance de este tercer nivel de sufrimiento puedes reflexionar en los puntos siguientes:

1. Tus agregados se encuentran en un estado de transitoriedad constante.
2. En todo momento estás conectado a los tres tipos de sensación.
3. Vives en total inseguridad.
4. No controlas tu bienestar presente.
5. No estas libre del sufrimiento del sufrimiento, ni del sufrimiento del cambio.

El segundo, tercer y cuarto puntos son fácilmente identificables. Los tres tipos de sensaciones producen siempre emociones aflictivas. Las sensaciones agradables producen apego, o deseo negativo; las desagradables, aversión, y las neutras, ignorancia. Estamos dando vueltas en la noria del samsara.

Meditar una y otra vez en que nuestro cuerpo y mente son transitorios nos ayuda a apartarnos de las siguientes visiones erróneas:

1) Creer que el cuerpo es la base donde reside el yo sustancial.
2) Creer que las sensaciones agradables o des- agradables son experiencias del yo sustancial.
3) Creer que el yo sustancial es la mente.

Penetrar en la impermanencia sutil de cada uno de estos agregados va aflojando nuestro aferramiento a una entidad controladora, estática, sólida e independiente hasta llegar a un punto en el que, según las palabras de Asanga:

> Yo discierno tan solo un poder sensorial, tan solo un objeto, y gracias a la unión de los dos anteriores, tan solo una experiencia, y tan solo una mente que la experimenta.

> Los conceptos "yo" o "mío" son meros nombres, meras expresiones, son elaboraciones de la palabra; no hay nada más allá de esto. Los objetos que existen de esa manera son, sencillamente, los agrega dos. Sin permanencia, sin duración, sin consistencia, sin la cualidad de ser "poseídos", nada sólido hay en ellos. No existe un yo, ni un ser consciente sujeto al envejecimiento y a la muerte, ni se puede encon trar un elemento que, habiendo llevado a cabo actos, experimente la maduración de su fruto.

> En consecuencia, estas entidades condicionadas están vacías y desprovistas de un elemento controlador.

La ignorancia que desconoce la realidad última nos induce a creer que existe una entidad independiente y sólida, a la que podemos llamar "yo", "alma" o "ser". Tal desconocimiento está detrás de cualquier emoción aflictiva y es, en última instancia, el responsable de cualquier manifestación del sufrimiento.

Si deseas seguir un sendero espiritual con sinceridad has de desenmascarar tus "falsas apariencias"; no sirve de nada simular que todo va bien porque, a la larga todo acaba por torcerse. Y es mejor aceptarlo cuanto antes y con serenidad, apresurándonos a utilizar esta desagradable circunstancia como trampolín para buscar una salida.

Porque, llegados a este punto, ya te habrás dado cuenta de que todas estas situaciones descritas las experimentas también tú ¿o de verdad crees que sólo afectan a los budistas? Revisa todas las formas de sufrimiento señalados en este libro y trata de encontrar uno solo que no hayas experimentado ya, o que no vayas a experimentar tarde o temprano. Una manera de relacionarnos en el día a día con las distintas experiencias que vivimos consistiría en tratar las sensaciones de la siguiente manera: cuando aparece una sensación agradable, procura *no aferrarte, no apegarte* a ese placer sino verlo como transitorio, no esperes de él la felicidad verdadera. Disfruta sin exagerar, y crea causas positivas para volver a tener experiencias placenteras en el futuro.

Cuando se trate de una sensación desagradable, no reacciones con odio, ira o aversión. Obsérvala como algo pasajero, carente de existencia intrínseca, y no potencies las emociones aflictivas asociadas.

Y cuando sean sensaciones indiferentes, neutras, simplemente, reconoce que su naturaleza es transitoria, pronto aparecerán las sensaciones (desagradables o agradables). Estamos muy predispuestos a reaccionar ante estas tres sensaciones con emociones aflictivas. Si logramos que den paso a la sabiduría, empezamos a desactivar la rueda que nos atrapa en el ciclo del dolor, desaceleramos el motor que hace que gire la noria.

Unas de las primeras veces que sentí temor ante el sufrimiento de la muerte fue en 1962 cuando en el local público que regentaba mi familia, teniendo yo unos 8 años, vimos en el telediario la conmovedora muerte del Presidente Kennedy. Sentía punzadas de temor cuando, más o menos por la misma época, aparecían imágenes de los encapuchados del Ku Klux Klan haciendo arder sus cruces: luego vino la muerte de Martin Luther King. Y también la de aquella diosa que parecía absolutamente inmortal llenando la pantalla del cine de mi pueblo, la siempre bella Marilyn. Pero sucedió algo que me causó mayor impacto, por tocarme muy de cerca. Un día, mi profesor de matemáticas entró en clase para anunciar la muerte accidental de uno de mis compañeros de curso: había resbalado en la orilla del río, con tan mala fortuna que dio con la cabeza en una roca y se ahogó. Se produjo una de aquellas situaciones en las que el corazón se queda helado, formándose un vacío en el estómago y un nudo en la garganta.

Fue por aquel entonces que empecé a preguntarme sobre el por qué de las cosas.

Cinco formas de impermanencia

Una de las características principales de la primera Noble Verdad —*dukha* o sufrimiento— es la transitoriedad de las cosas. No darnos cuenta de este hecho nos destruye a un nivel muy profundo y perpetúa nuestra situación. Esta convicción inarticulada se denomina, "la ignorancia que se aferra a la permanencia". Inconscientemente piensas: "yo, los demás, el mundo y sus circunstancias, somos estáticos y sólidos".

Podemos aceptar "ciegamente" que las cosas son transitorias, o ir más allá y tratar de tener una "experiencia interior" de que éste es el modo en que existe nuestra realidad. Es por este motivo que los grandes Lamas aconsejan no solo meditar en los sufrimientos sino penetrar en la transitoriedad de tu vida, de tu mente y de todas las cosas que te rodean.

Puesto que "la ignorancia que se aferra a la permanencia" es innata en nosotros, Buda presentó las cinco formas de impermanencia que explicaré a continuación. Se suelen estudiar en los monasterios tibetanos y se encuentran en los textos clásicos compuestos por Asanga[5] son las siguientes:

La impermanencia del cambio.
La impermanencia de lo perecedero.
La impermanencia de la separación.

---

5 Asanga vivió en el siglo 4 después de Cristo.

La impermanencia relativa a la naturaleza última de las cosas.
La impermanencia que está presente.

La impermanencia del cambio. Se refiere a la impermanencia que es visible a nuestros sentidos, y que no requiere explicación alguna. (La noche da paso al día, después de la tormenta luce el sol). Aquí reflexionas en las causas del cambio que sufren tanto los objetos internos como los objetos externos.

"Objetos internos" son los poderes sensoriales que hacen posible que se despierten las consciencias visual, auditiva, olfativa del gusto y del tacto. "Objetos externos" son todo aquello que percibe cada una de las cinco consciencias.

Para darnos cuenta de la transitoriedad de estos dos grupos de objetos revisamos "las ocho causas del cambio" siguientes:

1. El deterioro natural, debido al paso del tiempo.
2. El deterioro causado por el contacto con otros objetos físicos.
3. El uso y consumo de los objetos.
4. El cambio de estaciones.
5. El fuego quema.
6. La humedad deteriora.
7. El viento seca.
8. Encontrarse con cualquier condición o circunstancia en la que la mente sufre cambios.

Has de reflexionar una y otra vez en los cambios que sufre el cuerpo físico: de la niñez a la infancia, juventud, madurez, y vejez. Tu psique, tu aspecto físico y tu salud fluctúan a lo largo de tu vida. Incluso el clima puede alterar el aspecto de la persona. Las estaciones nos influyen, en verano presentamos un semblante bronceado y en invierno palidecemos con el frío; el ejercicio físico también nos cambia externamente. Presta atención a la temporalidad de las sensaciones, agradables, desagradables y neutras. Date cuenta del modo en que las aflicciones mentales — raíz y secundarias[6]— aparecen y desaparecen. Culmina este proceso con la representación de tu propia muerte: tu cuerpo se va a descomponer si no se incinera, cambiará de color, se hinchará y se pudrirá hasta que, finalmente, incluso los huesos se desvanecerán.

Seguidamente, examina los objetos externos, empieza por el medio ambiente —el mundo, los bosques, las montañas y los ríos —, analiza ahora las cosas hechas por el hombre — edificios, infraestructuras, industrias —, pasando también por objetos perso-nales que posees como joyas, ropa y demás. Todo, absolutamente todo, se disipará con el paso del tiempo.

La impermanencia de lo perecedero. Aquí debes utilizar la inferencia[7] para ver la impermanencia sutil. La impermanencia burda es relativamente fácil de apreciar, ya que es directamente observable. Pero ver que todo está caracterizado por un estado de desintegración constante, resulta más difícil. Has de darte cuenta de que el cambio solo es posible si los fenómenos analizados están sujetos a una forma de desintegración que les hace *surgir y desaparecer* a cada instante. Esta impermanencia no sería posible si los fenómenos permanecieran estáticos.

Piensa en ello: los fenómenos que nos rodean no requieren de ninguna condición específica para desintegrarse momento a momento. La única causa de la que precisan para su desintegración es el mero hecho de existir.

Cuando medites, es importante que te concentres en ver la impermanencia de lo perecedero en todos los

---

6 Ver *Tu Naturaleza Interior* por Ediciones Amara.
7 Inferencia. Uno de los dos tipos de cognición válida junto con la cognición directa. Nos permite, gracias al uso de razonamientos lógicos correctos, contactar con aspectos de la realidad no visibles a los sentidos. Se explica en el siguiente capítulo.

fenómenos: en el instante inmediatamente posterior después de que se incorporan a la existencia, ya empiezan a declinar. Antes solo veías el cambio gradual a causa de las ocho condiciones. Pero, en tu meditación, has de llegar al punto en que "bailas" con ese cambio apresurado que se produce en todo y en todos. En palabras simples, que las ocho causas produzcan alteraciones es debido a la condición de cambio sutil que subyace en cada fenómeno.

Si aplicas este principio a tu mente, reconoces su transitoriedad. La mente cambia, presurosa, de un objeto a otro. Imagina que recitas el alfabeto, el sonido de cada letra que pronuncias va cambiando, y el estado de conciencia que percibe cada letra también. Según los antiguos textos, un instante es la unidad de tiempo menor, y sesenta y cinco instantes sería un solo chasquido de los dedos de una persona sana. La consciencia es fugaz en este sentido.

Uno de mis más recordados Maestros, Lama Yeshe, en unas trascendentes enseñanzas tántricas que recibí de él, se refería a la impermanencia sutil como "la vacuidad del pobre". Con su peculiar estilo jocoso, quería hacernos entender a la joven audiencia que si nos resultaba demasiado difícil meditar en el vacío, según la escuela prasangika madhyamika, podíamos emplear nuestra energía mental tratando de entender la impermanencia sutil. Se trata de un paso intermedio para llegar a una auténtica meditación en el vacío.

Las tres impermanencias restantes son ejercicios en los que el practicante observa sus propias circunstancias personales, para darse cuenta de que no permanecen fijas.

La impermanencia de la separación. Un individuo que, en un momento dado, está disfrutando de libertad e independencia, puede quedar sujeto a la influencia y el control de los otros. Piensa en personajes públicos que han pasado de dominar a ser dominados, Pinochet, Gaddafi, el Sha de Persia y tantos otros. Puedes perder tus propiedades del modo más inesperado, de hecho, les está ocurriendo a muchos empresarios, autónomos y trabajadores en esta época de dificultades financieras.

La impermanencia relativa a la naturaleza final de las cosas. Se refiere a que, en el mejor de los casos, si aún no has sido víctima de la impermanencia del cambio y de la separación, por la propia naturaleza de todas las cosas, tarde o temprano vas a tener que enfrentarte a ellas.

La impermanencia que está presente. Aquí reflexionas en cualquiera de los tipos de impermanencia que te están sucediendo en el presente. Cambian las estaciones, cambia el cielo, cambian las fases de la luna… todo se mueve a tu alrededor.

El propósito de meditar en estos cinco tipos de impermanencia es evocar una consciencia clara de la transitoriedad, e integrarla a tus propias circunstancias. El efecto de esta práctica es despertar el fuerte convencimiento que la incertidumbre e inestabilidad afectan a todas nuestras vivencias personales. Esto te impulsará a buscar un refugio más estable que los que has estado buscando hasta hoy.

Ver lo invisible

El propósito de estudiar, contemplar y meditar en los tres capítulos previos es despertar en ti la certeza de que las dos primeras nobles verdades no son un dogma budista sino un medio para enfrentar la fragilidad de todo aquello en lo que te apoyas, y así hacer brotar el deseo de encontrar un refugio, una protección verdadera.

La pregunta que nos hemos de formular ahora es la siguiente: ¿Puedo tener una experiencia, directa o aproximada, de la veracidad de todo lo que se ha explicado hasta aquí? Precisamente, en este punto hemos de traer a colación la función y naturaleza de la meditación. Los textos de lógica budista nos dicen que tenemos dos medios para "ver" o conocer la realidad: la percepción directa válida y la percepción inferencial válida.

Un ejemplo de percepción directa válida sería cualquier percepción que observa los objetos de los sentidos sin estar influenciada por errores externos o internos. Ver un coche en la calle es una percepción válida; verlo doble, porque hemos bebido más de la cuenta, es una percepción errónea.

La inferencia es una mente conceptual que nos permite entender cosas que no son accesibles a los sentidos — la reencarnación, la vacuidad, la transitoriedad sutil, los distintos niveles de sufrimiento y otros —.

La fe ciega, que los textos budistas denominan, consciencia que asume correctamente o creencia correcta, es una mente que no es considerada válida. Es la mera aceptación de ciertos argumentos (los aquí citados u otros referentes a distintas filosofías) por el simple hecho de haberlos escuchado de boca de alguien con quien simpatizamos, o por haberlo leído en un libro sagrado, o en uno que está de moda. Es una mente "correcta" porque su objeto —la transitoriedad, la vacuidad o la continuidad de la consciencia — son objetos existentes, pero no es "válida" en el sentido de que este estado mental carece de la fuerza transformadora de una percepción directa inferencial

La percepción directa nos permite contactar con la realidad sensorial de modo inmediato, la usamos constantemente. La inferencia nos permite ver, gracias al uso de un buen razonamiento, cosas que no son accesibles a los sentidos; también nos valemos de ella en nuestra vida diaria. Con la fe ciega *solo creemos* en algo, aun sin haberlo experimentado directa o indirectamente. *La función de un sendero espiritual con sentido es capacitarnos para percibir las cosas en las que creemos, primero gracias a la inferencia, y de modo directo, al final.*

Con la percepción directa podemos contactar con los objetos de los sentidos. Podemos percibir que, efectivamente, las personas envejecemos, enfermamos... Cuando vemos un coche lo hacemos *directamente* gracias a una *válida* percepción visual; no necesitamos la ayuda de la conceptualidad.

La inferencia (tib: *je pak tsema*) o mente deductiva es de vital importancia para conectar con la mayoría de afirmaciones que se exponen en este libro. Como se ha dicho, con ella se puede acceder al conocimiento de cosas que existen, pero que no son obvias a los sentidos. Puesto que las realidades mencionadas son inasequibles a nuestros sentidos, son objeto de duda. Lo que hace que una deducción se convierta en una *cognición válida* es el razonamiento correcto del que nos valemos para acceder a ella. Esto es algo a tener muy en cuenta en este texto. *Je* significa "después", entendiendo que se llega a una comprensión especial *solo después* de cierto proceso mental. *Pak* significa "intuición", y es la "deducción" que tiene lugar después haber investigado el objeto mediante un buen razonamiento. Puesto que ese conocimiento viene de un razonamiento correcto, se habrá obtenido una cognición o intuición válida que será incontrovertible. En nuestro lenguaje habitual, la "intuición" no siempre es de fiar, no sabemos exactamente que la provoca, pero en este contexto *je pak* es un proceso desarrollado de manera consciente y voluntaria, sin margen de error.

Un ejemplo para ilustrar el proceso sería el siguiente: Todos vivimos con la concepción errónea de que la realidad (incluyéndonos a nosotros mismos) es sólida y estática. Quizás un día leemos en un libro sagrado o escuchamos decir a un Maestro lo contrario: que la realidad es transitoria y flexible. En el caso de que nos lo creyéramos sin más, sería un ejemplo de creencia correcta. No obstante, dicha creencia no tendría poder suficiente para transformar nuestro espíritu. Aunque se trataría de un estado de conciencia positivo, deberíamos ir más allá. Para ello, analizamos las razones que avalan que las cosas son transitorias —por ejemplo, el hecho de que son producidas por otros factores —; este análisis producirá en nosotros una inferencia: la percepción conceptual de que, *efectivamente*, todo es transitorio. Por primera vez tenemos una comprensión que surge de la experiencia, lo vemos con el ojo de la mente. Meditamos una y otra vez en este concepto correcto hasta llegar a despertar la experiencia directa de que somos transitorios.

Este mismo proceso es el que se ha de aplicar a prácticamente todos los contenidos del Dharma que no son evidentes a la percepción ordinaria.

Por supuesto, para atravesar este proceso transformador, los objetos de conocimiento que vayan a ser objeto de nuestro estudio deben ser reales: por mucho que queramos percibir directamente un *hobbit* o un unicornio, nunca lo lograremos porque se trata de meras ficciones.

El propósito de las explicaciones y razonamientos que se encuentran en las escrituras budistas es ayudar a que se despierten inferencias o deducciones en nuestra meditación que, *indirectamente* (o de modo conceptual) nos pongan cara a cara con el tema en cuestión.

En realidad, meditamos con el fin de despertar inferencias válidas y poderosas sobre todos los temas que nos plantean dudas. Percibes esta nueva realidad mediante lo que se denomina una "imagen mental" y en meditación te acercas más y más a su verdadera naturaleza, hasta que llegas a percibirla directamente, es decir, tienes una percepción no conceptual del tema.

Por ejemplo, con tu consciencia visual ves el coche pero te resulta imposible ver su naturaleza vacía e impermanente; esto es algo que solo podrás ver de modo indirecto, conceptual.

Al meditar en las Cuatro Nobles Verdades acercas tu mente conceptual a la percepción de la infalibilidad del Buda, Dharma y Sangha y, tu energía para seguir el sendero a la liberación se activa con fuerza.

Por ejemplo, el propósito de examinar la continuidad de la consciencia es proporcionarte razones infalibles para despertar en ti la percepción conceptual de que tu mente continuará después de esta vida. Tal y como dice Dignaga:

> Mientras carezcas de razones perfectas para demostrar las vidas pasadas y futuras, te resultará imposible despertar una cognición válida de ellas.

En definitiva, el propósito de meditar es transformar las mentes negativas en positivas, sea cual sea la circunstancia adversa que debamos afrontar. Para ello, en primer lugar, se escucha y estudia la enseñanza; después, se analiza y contempla y, finalmente, meditamos en las conclusiones a las que lleguemos.

Tomar Refugio en Buda, Dharma y Sangha

a palabra Buda alude a una persona que ha alcanzado la Iluminación. Los tibetanos utilizan un nombre compuesto para referirse a un Buda: *sang gye*, cuyo significado es similar al termino que utilizan para definir la Iluminación: *jang chub*. Vendría a significar "completamente puro" (alguien que ha eliminado sus emociones aflictivas, y adquirido e incrementado hasta el infinito toda buena cualidad humana). Un *sang gye*, un Buda un Ser Iluminado, no siempre es un oriental, sino *cualquier ser humano que haya "eliminado" de su interior todo lo que produce dolor y ha "desarrollado" todo lo que produce felicidad.*

Ahora cierra los ojos y piensa en la palabra Buda: ¿Qué te viene a la mente? ¿Un Dios oriental, un ídolo pagano, un anacoreta, un príncipe de un lugar remoto en Nepal que se iluminó bajo el árbol bodhi?

Curiosamente, el término "budista" no existe en tibetano. Allí, a un practicante de la doctrina de Buda lo denominan *nang pa*, que significa "ser interior": una persona que busca las respuestas a sus problemas en su propio continuo mental y no fuera de él. Alguien que decide emprender un largo viaje para encontrar su verdadera esencia. Tampoco eso tiene mucho que ver con la imagen estrecha con que, a menudo, limitamos el término "budista".

El meditador sincero trabaja para despertar una inteligencia espiritual que le ayude a entender todo lo que le sucede, sea bueno o malo, y la utiliza para superar situaciones de dolor. Un practicante entiende que aunque el dolor no siempre se manifiesta, está ahí en forma de potencial, se prepara, en definitiva, para lidiar con la insatisfacción latente en todo ser humano. El propósito último de un budista, o *nang pa*, es seguir su práctica hasta llegar al estado de Buda, Iluminación o Nirvana superior.

En 1979, con 25 años, me inicié en Menorca en la práctica espiritual de la mano de grandes Lamas que se habían educado en el Tibet previo a la invasión china. Empecé con cosas básicas como meditar en la respiración, algo que, aún pasados muchos años, sigo practicando. También usé el contenido del *Lam Rim*: las *Etapas del Camino a la Iluminación*. Es decir, meditaciones sobre el potencial humano, la muerte, el karma, el sentimiento de la renuncia, el amor, la compasión, las seis perfecciones (generosidad, ética, esfuerzo, paciencia, concentración y sabiduría). Y específicamente sobre el vacío que afecta a todas las cosas y que parece ser el quid de la cuestión: ignorar el vacío es lo que nos hace sufrir o, dicho de otro modo, si estamos mal es porque desconocemos la naturaleza vacía de todos los fenómenos, incluidos nosotros mismos. Y, además, tuve la gran fortuna de iniciarme en las profundas y revolucionarias técnicas del Tantra.

Indefectiblemente, una de las primeras prácticas que aconsejan los Maestros budistas es la de reflexionar y meditar en la propia mortalidad. Entrar en contacto a diario con esa sentencia que forma parte de nosotros, nos despierta interés por cuestiones básicas: "¿Por qué estamos aquí? ¿Cuál es el sentido de todo? ¿Qué nos espera tras la muerte?"

Las Etapas del Camino a la Iluminación [8] dejan patente nuestra situación: nacemos desnudos y solos, aunque a lo largo de nuestra vida estamos acompañados, dedicamos casi toda nuestra energía vital a acumular y tener cosas que, al final, tendremos que dejar para volver a marcharnos solos y con las manos vacías. Este hecho es uno de los mayores absurdos de la vida, y una de las razones que nos demuestran la imperiosa necesidad de despertar a nuestra dimensión espiritual.

Rechungpa (1083-1161), el excelso discípulo del gran Milarepa, se embarcó intensamente en la práctica espiritual solo después de ser testigo de la muerte de su bella esposa, de la cual estaba muy enamorado. A veces necesitamos que la vida nos dé un palo para empezar a ocuparnos de nuestro ser interior.

Mis Maestros siempre me animaban a tomar refugio en Buda, Dharma y Sangha. Yo lo hacía… aunque quizá con ideas aproximadas, y muchas veces imprecisas, acerca de lo que significaban aquellas prácticas en las que me absorbía. No me había dado cuenta todavía de que "tomar refugio" en los padres, los amigos, las novias, los viajes, la política o mi equipo de fútbol, no era la respuesta.

Nos refugiamos en disfrutes como comer y beber o la buena compañía, en obligaciones como trabajar para

____

8 Como ejemplo de Las Etapas del Camino a la Iluminación el lector puede referirse a *Senda de Luz, Fundamentos del Tantra, Los Tres Principios del Budismo, Joyas del Budismo, Enseñanzas de mi Lama, Una Guía para Meditar*, o el maravilloso libro, *El Jardín. Una Parábola*, todos ellos publicados por Ediciones Amara.

acumular más y más, olvidándonos de nosotros mismos. Esto es algo que todos hacemos a lo largo de nuestras vidas, especialmente cuando queremos evadirnos de problemas de distinta índole. No obstante, tomar refugio en Buda, Dharma y Sangha —como me proponían mis Maestros—, tiene un alcance que va más allá de esta vida. Es un acto absolutamente trascendente. La oración tradicional de refugio que se suele recitar tres veces en los monasterios tibetanos antes de la meditación es la siguiente:

> *Me refugio en Buda, el Dharma y la Sangha*
> *hasta que alcance la Iluminación.*
> *Que por los méritos que acumule con la práctica*
> *de la generosidad y otras perfecciones,*
> *pueda alcanzar el estado de Buda para poder*
> *beneficiar a todos los seres conscientes.*

La situación es la siguiente, queremos llegar a un estado de paz —llámese Iluminación, Nirvana o Budeidad—, pero no sabemos muy bien qué o quién es un Buda, ni cuál es el propósito de un Ser Iluminado. Queremos practicar el Dharma que nos lleva a ese estado excelso, pero no conocemos sus funciones y cualidades. Tampoco tenemos muy claro el sentido del término Sangha. Aun así, muchos recitamos solemnemente: "Me refugio en Buda, Dharma y Sangha hasta llegar a la Iluminación".

Es decir, después de dar vueltas y vueltas, muchos de aquellos occidentales que entramos en el budismo hartos de la fe ciega que constituía la base de la religión de nuestros padres, terminaríamos haciendo aquello que tanto criticábamos: tomar refugio en Buda, Dharma y Sangha, sin saber muy bien el por qué, solo movidos por una fe poco razonada.

Con todo, no quiero significar que la fe ciega (que hemos descrito en el capítulo anterior) no juegue un papel muy importante en el budismo, tanto para los monjes educados como para la inmensa mayoría de la población budista. La gente corriente que desconoce la sofisticada filosofía de las enseñanzas se acerca al Buda del mismo modo que lo hace una ancianita devota que enciende un cirio en cualquier capilla cristiana de nuestro mundo.

Y, aunque esta actitud es totalmente válida y digna de respeto, mi intención es tratar de desarrollar una espiritualidad basada en la inteligencia y el raciocinio, porque entonces la fe y la confianza en la práctica serán más profundas y, en consecuencia, también los resultados.

He de decir que, al principio, me resultaba chocante el énfasis de mi Maestro en la práctica de "tomar refugio" (recitar tres veces la oración de la página 52). Por mi pasado de católico no practicante, lo consideraba una simple recitación, un acto mecáni-co, un modo tradicional tibetano de proceder antes de empezar con la meditación, que era lo realmente interesante. Con el paso de los años, me di cuenta de cuán equivocado estaba: al recitar, una actitud interior muy especial se va desarrollando y te acompaña hasta el mismo momento de llegar a la Iluminación.

Es preciso entender que el propósito de tomar refu-gio es ayudarnos a despertar la sabiduría que nos libera de las dos primeras nobles verdades, el sufrimiento y sus causas. Reafirmas tu compromiso de emprender el viaje, el traslado desde la dimensión del tener a la dimensión del ser[9]. Cada vez que recitas estas cinco líneas te ratificas en la revolución que quieres emprender, confías en la posibidad de trascender tus limitaciones, tus miedos y en transformar tu interior hasta fines insospechados, te abres a la sabiduría compasiva de los Seres Iluminados convencido de que tú también puedes ser uno de Ellos.

Cuando recitas estas líneas revalidas el compromiso de seguir el sendero hasta llegar a la iluminación. En cierto sentido, consiste en "canalizar" nuestra energía y dejar de buscar siempre nuevas maneras de distraernos, nuevas técnicas terapéuticas, cosas distintas con las que llenar nuestro vacío existencial... Ya has encontrado lo que buscabas, y te decides a seguir estas enseñanzas hasta el final. Tomas refugio porque te das cuenta de que, por más que la busques fuera de ti, no encontrarás la seguridad perfecta en nada ni en nadie...ni siquiera el propio Buda te la puede proporcionar. Empiezas a despertar del sueño en el que has estado sumido: ahora ya sabes que has estado buscando la felicidad en el lugar equivocado.

Un Buda no es omnipotente, tan sólo es omnisciente. Significa que tiene la habilidad para enseñarte todo lo que necesitas saber para liberarte de dukha . Él va a enseñarte el Dharma, pero solo tú puedes liberarte. Un sutra señala:

> Los Munis no lavan la maldad con agua;
> Sus manos no quitan el sufrimiento de los seres;
> Ni puede su conocimiento ser transferido a los demás.
> Ellos te liberan enseñando el Dharma verdadero.

---

9 A este propósito recomiendo la lectura del libro *Solo con Los Demás: un acercamiento existencial al budismo*, de Stephen Batchelor, publicado por Ediciones Amara.

Así pues, cuando vayas a tomar refugio en el Buda, recuerda: Él no es un salvador que vaya a disipar tus inseguridades y temores. Solo es el ejemplo de alguien que, como tú, también estuvo confundido, abrumado, e inseguro pero decidió trascender este estado de cosas trabajando desde su interior. Y llegó más allá de lo imaginable.

Un "protector" o "salvador" es alguien que puede dirigir a los demás a la liberación. Un Buda se ha salvado a sí mismo gracias a su comprensión experiencial de las Cuatro Nobles Verdades. Y esto le cualifica para transmitirlas a los demás. Por más que las analices, no encontrarás fallos en estas Cuatro Nobles Verdades, ni a través de la observación directa, ni mediante la inferencia: son nuestra guía a la liberación. Si lo que Buda enseña nos salva de los peligros del samsara, podemos afirmar que es un protector digno de ser nuestro objeto de refugio.

Pensándolo bien, es un auténtico acto de valentía por tu parte confiar en un ser cuyo mensaje es que el verdadero refugio es tu trabajo interior. El camino más fácil sería encontrar alguien que te dijera: "No te preocupes por nada, yo solucionaré tus problemas". Requiere un esfuerzo mayor mirar en tu interior y darte cuenta de que ya tienes todo lo necesario para emprender la senda de la liberación. De inmediato aprecias tu potencial y despiertas un sentimiento de orgullo divino que te aleja de la visión estrecha y pobre que solemos proyectar sobre nosotros mismos y que es causa de mucha desdicha.

Buda, Dharma y Sangha también se conocen con el nombre de *"las tres joyas causales"*. En esencia,

Buda es como un médico que enseña y administra la medicina del Dharma, mientras que la Sangha son las enfermeras que nos ayudan a ponerlo en práctica. Aunque, en un principio, consideras a las Tres Joyas como algo que se encuentra fuera de ti, con el tiempo y tu propia práctica constatarás que crecen en tu interior experiencias poderosas. Estas experiencias interiores, realizaciones, son las que te van transformando gradualmente en Sangha, y acabarán haciendo de ti un Buda.

El verdadero refugio en Buda, Dharma y Sangha es una experiencia interior, fruto de tus meditaciones, que no depende de cultura alguna, de si eres hombre o mujer, monje o laico, occidental u oriental.

Tomar refugio en Buda, Dharma y Sangha con todos estos elementos te llena de energía positiva: de repente cuentas con unos amigos protectores a los que puedes recurrir, te sientes amparado y guarecido en los momentos malos, y bien acompañado en los buenos.

Llamamos Dharma a todas las enseñanzas que impartió el Buda. Son como el mapa del tesoro. Son tu guía, el plano sobre el que construirás tu nueva realidad.

Existen dos tipos de Dharma: la enseñanza en sí, y la experiencia que surge cuando la aplicas. Tomar refugio en Dharma nos compromete a hacer uso de la enseñanza ante cualquier situación de nuestra vida. Solemos pensar que la espiritualidad crea una disociación entre nosotros y la actividad mundana: Ir al cine, al fútbol, tomarse un café en una terraza o ver un programa en la tele, es algo "mundano", sentarse a recitar oraciones y meditar, es "espiritual". Tomar refugio en el Dharma consiste en llegar al punto en que tal separación se difumina; tienes herramientas para hacer que todo lo que te ocurre sea utilizable en el sendero, sea bueno o malo. Apariencias supuestamente "mundanas" o "espirituales", todo se puede transformar en el estiércol necesario para abonar la cosecha de nuestras experiencias interiores. Todo es Dharma, desde el mismo momento de levantarnos, asearnos, desayunar, ir al trabajo, estar en él, hasta regresar a casa, mirar la tele, y volvernos a dormir. Todo lo que haces en la vida puede ser transcendente si lo es tu motivación.

Técnicamente, Sangha es alguien que ha experimentado directamente su verdadera naturaleza y la del mundo. Sangha es el puente entre el ser ordinario que somos en la actualidad y el estado Iluminado que alcanzaremos un día. Es un punto intermedio en el camino que arranca cuando empezamos a transformar nuestra mente. Alcanzar este estado, una vez más, depende de la práctica personal. Sangha se refiere a aquellos seres que tienen experiencias formales en el Dharma. Al tomar refugio en la Sangha estás convencido de que puedes convertir aquellas partes de tu ser que producen dolor en causas de felicidad. Entras a formar parte de una comunidad que, como tú, también busca un refugio para minimizar y, con el tiempo, eliminar de raíz la insatisfacción y el dolor. La Sangha la forman personas igual de confundidas que tú, que se esfuerzan por encontrar la luz. No se trata de una comunidad que alimenta tu deseo de depender de otros, que te cuida para hacerte sentir bien. Es una comunidad unida en su éxodo del samsara, cada uno camina gracias a su propio esfuerzo, pero se apoya en la voluntad compartida.

Un prominente Lama tibetano, Chogyam Trungpa, decía que nunca nadie en la Sangha debería imponer sus ideas al resto de los miembros. Sería como una especie de sacrilegio. Cada individuo en la Sangha tiene su propio bagaje kármico, en consecuencia, vive el sendero de manera diferente a los demás.

Las escrituras señalan que se requieren tres componentes básicos para poder entregarse espontáneamente a una fuente de refugio. Y el propósito de este libro es presentarlos de un modo fácil y accesible:

1) Temor hacia tu propio sufrimiento, para despertar la mente de renuncia.
2) Temor hacia el sufrimiento de los demás, con el fin de despertar compasión.
3) Fe en las cualidades de Buda, Dharma y Sangha.

Para que tu energía se ponga en marcha, debe haber algo que te haga ver la necesidad de ir por refugio a una fuente segura como son Buda, Dharma y Sangha. Por este motivo, las primeras enseñanzas que impartió el Buda tras su Iluminación fueron las Cuatro Nobles Verdades. Las dos primeras nobles verdades —la verdad del sufrimiento y la verdad de sus causas— nos despiertan a nuestra situación real en el mundo: en la vida hay dolor. Esta afirmación no hace falta explicarla si vives en algunos lugares del tercer mundo y sufres escasez de agua y comida. Pero en sociedades más o menos prósperas como la nuestra, tenemos demasiadas cosas con las que encubrir el sufrimiento latente. Pero más tarde o más temprano, acabaremos por darnos cuenta de que, verdaderamente, en la vida hay dolor en grandes dosis, y buscaremos un refugio auténtico. Sin temer tu propio sufrimiento no tendrás el impulso necesario para buscar refugio.

El Iluminado habló minuciosa y muy extensamente acerca de la naturaleza del sufrimiento, para que nos diésemos cuenta de cuál es nuestra verdadera realidad: estamos solos ante el peligro y necesitamos con urgencia una protección.

¿No sería lógico temer por nuestra vida si nos encontramos al borde de un precipicio? ¿No haríamos todo lo posible por salvarnos del peligro? El temor del que estamos hablando es un medio hábil para conseguir un fin positivo. Se trata de un temor completamente lúcido y racional ante nuestra situación vital. Este escenario en samsara es el que es, no podemos cambiarlo, a menos que nos apoyemos en el Buda, en el Dharma y la Sangha. Es un temor que, en lugar de paralizar nuestra energía, la vivifica. Es el miedo ante una realidad que hemos decidido afrontar, el miedo que nos impulsa a buscar un remedio, una solución definitiva.

Es decir, al ver tu situación existencial surge el primer tipo de temor, y en tu interior se va despertando el sentimiento de la renuncia, que es su antídoto. Cuando eres absolutamente consciente de tu situación, despiertas el segundo temor: un sentimiento de empatía por los demás viendo su sufrimiento, que es igual que el tuyo. Esta empatía da paso a la compasión, que actuará como otro antídoto.

Este tipo de temor es necesario para tomar refugio, y por supuesto, no tiene nada que ver con el miedo del que se han valido muchas religiones (incluido el budismo, probablemente) para manipular a los demás.

Insisto en que, en sociedades avanzadas como la nuestra, es fácil pensar que si ahora vivimos la vida con sus altibajos de manera relativamente felices, ¿por qué diablos deberíamos despertar un temor que, precisamente, deseamos evitar? Porque no hay mayor simpleza que creer que, a pesar de nadar en un mar de ansiedad, incertidumbre y neurosis, a la vuelta de la esquina encontraremos la felicidad y, por fin, todo será perfecto. No nos ayuda en absoluto ignorar nuestra condición presente. La función de la primera noble verdad es darnos cuenta de que en las actuales circunstancias la felicidad real no es posible.

Reflexionar en la segunda noble verdad, la verdad de las causas del sufrimiento — las emociones aflictivas y el karma — despierta en nosotros el deseo de liberarnos, pues descubrimos que las causas de todos nuestros problemas, en realidad, están dentro de nosotros.

Una vez integradas las dos primeras nobles verdades resulta fácil entender que el *cese irreversible de todo dolor* es posible; esta sería la cuarta noble verdad. A partir de aquí, nacerá en ti el fuerte deseo de implicarte en la tercera noble verdad: la del *sendero*.

Una cosa es el deseo de liberarse y otra saber que esto es posible. Antes de saber que el cese del sufrimiento es posible es imprescindible saber que el sufrimiento tiene causas. Si el sufrimiento fuese casual o creado por una fuerza externa a uno mismo, el cese sería imposible. ¡Simplemente no estaría en tus manos!

Un texto de lógica lo pone así de simple: el antídoto del frío es el calor; el antídoto de la oscuridad es la claridad. Del mismo modo, el propio antídoto de nuestra ignorancia es la sabiduría. Cada cosa negativa tiene su propio antídoto.

La Naturaleza de Buda

Si no fuese posible llegar al estado de Buda ¿de qué nos serviría tomar refugio? Tomamos refugio con el propósito de ir desde el estado ordinario al extraordinario de un Ser Iluminado. Llegados a este punto es preciso abordar la "naturaleza de Buda" que, en palabras simples, significa que no hay ninguna ley sobrenatural que nos esclavice a tener que permanecer siempre en el estado presente.

"Naturaleza de Buda" alude a cualidades que están en nuestro interior solo en forma de potencial; como una flor y su semilla. La semilla no es la flor pero si aquella se riega y se nutre, tiene el potencial de serlo. Significa también que la mente está asediada, de modo temporal, por emociones aflictivas pero que, en realidad, su naturaleza verdadera es pura. No significa que ya somos un Buda. "Iluminado" en sánscrito es *Tathagata* y "naturaleza de Buda" es *tathagatagarbha*, es decir no son lo mismo. Su verdadero sentido es solo que en tu interior existe un potencial para convertirte en un ser Iluminado.

Las escrituras asemejan la naturaleza de la mente a un espejo, y a las emociones aflictivas al polvo que lo cubre y que te impide ver bien la realidad. Nadie sacará esta suciedad por ti; se requiere el aire de la concen-tración y la sabiduría. Las emociones aflic-tivas son como una mancha de suciedad que cubre la naturaleza clara y conocedora de la mente.

La naturaleza de Buda es de dos clases:

1) El potencial natural.
2) El potencial desarrollador

El potencial natural es el vacío de existencia inherente de la mente. Y esto posibilita que se puedan eliminar las mentes negativas e incrementar las positivas hasta su perfección. Este potencial ya está en ti ahora mismo. Aunque los textos clásicos dan nueve analogías que ilustran por qué está oculto a nuestro conocimiento solo presentaré tres de ellas:

1. Una estatua minúscula de Buda escondida dentro de una flor de loto marchita.
2. Miel cubierta de un cúmulo de abejas.
3. Un grano de arroz dentro de la cáscara.

Al principio quedamos embelesados por la belleza de la flor de loto pero cuando se marchita, dicha fascinación se pierde. Mientras sigamos absortos en la belleza de la flor no podemos penetrar y ver la estatua. La flor marchita ilustra que nuestro potencial para llegar al estado de Buda está escondido por culpa de nuestro deseo negativo o apego.

Las abejas que resguardan la miel nos recuerda que la hostilidad, el odio, esconden nuestro potencial para llegar al estado de Buda. La miel es dulce, como el potencial natural, pero no podemos degustarla porque las abejas son fácilmente irritables y te pican causándote dolor. Lo mismo que ocurre cuando se manifiesta la ira que nos daña a nosotros y a los demás. Aunque el arroz sirve para alimentarnos, si está escondido dentro de su cáscara se vuelve una cosa inútil e incomestible. La cáscara que esconde el grano de arroz simboliza la ignorancia. Esté dentro o fuera la cualidad del grano de arroz es la misma. Del mismo modo el potencial de Buda es inalterable dentro de nosotros estemos en samsara o fuera de él.

El potencial desarrollador se refiere a estados mentales virtuosos que ya tenemos en forma de semilla —la compasión, el amor, la generosidad, el esfuerzo, la concentración, la sabiduría y otras—, y que una vez plenamente desarrollados te convierten en un Buda. Tomar refugio es determinarse a trabajar para conseguir estas cualidades.

La mayoría de religiones afirman que el resultado final de la práctica es lograr o llegar a un lugar externo a uno mismo —el Paraíso, el Cielo, etc—, el resultado final de la práctica del budismo, en cierto modo, ya está dentro nuestro; no es necesario trasladarse muy lejos.

La naturaleza de Buda está dormida por cuatro motivos:

    1) No tenemos interés en el Dharma.

    2) Aunque practiquemos Dharma, sin abandonar el aferramiento a la existencia intrínseca no podremos realizar la naturaleza de Buda.

    3) No tenemos interés en la meditación.

    4) No nos preocupan el resto de seres.

Para superar estas cuatro actitudes debemos despertar 1) interés en el Dharma, 2) sabiduría, 3) concentración y 4) compasión. Con el material abordado hasta ahora, el lector puede empezar sus primeros pasos para desarrollar estas cuatro cualidades.

Buda enseñó acerca de la naturaleza de Buda para: 1) contrarrestar el descorazonamiento, y 2) eliminar la visión errónea de creer que necesitamos un Ser Superior para liberarnos del dolor y alcanzar el Paraíso.

La continuidad de la consciencia

El propósito de tomar refugio en Buda, Dharma y Sangha es liberarnos de todo dolor y tener una guía para lograrlo. Como veremos más adelante, en el siglo IV d. Cristo, el erudito budista Dignaga afirmaba que un Buda llega a su excelso estado gracias al desarrollo de la compasión y sabiduría a lo largo de muchas vidas. Sin embargo, estas dos cualidades se pueden empezar a desarrollar ahora, en esta vida.

Afirmar un desarrollo de cualidades interiores a lo largo de muchas vidas es un concepto muy extraño para occidente. Por ello se deben tener en cuenta las razones que avalan esta afirmación.

Yo entré en el budismo a causa de mi atracción hacia la meditación. Al principio, mis Maestros me enseñaron que sin tener en cuenta la continuidad de la mente, era difícil comprender el alcance y profundidad de la vida espiritual. Según ellos, dicha continuidad viene viajando desde un largo pasado y seguirá en el futuro. Este proceso es popularmente conocido como "reencarnación", "renacimiento".

En mi caso, del mismo modo que no consideraba una actividad interesante recitar o rezar una oración, mucho menos lo resultaba el tener que "creer" en una supuesta reencarnación futura que mi yo presente no vería.

En una ocasión, le expresé estas dudas a mi

Maestro, el muy Ven. Gueshe Tamding Gyatso, y me respondió: "Tomar refugio sin estar convencido de que, después de esta vida, algo de ti va a seguir y que la calidad de tu futuro depende de tus actos presentes, no te servirá de mucho. Tomas refugio desde ahora y hasta llegar a la Iluminación, y quizá ésta tardará, pero aunque tarde, habrás tomado una dirección a seguir tanto en esta vida como en las futuras".

Hoy en día se habla mucho de la falta de valores en la sociedad, algo que también podría expresarse como falta de dirección o de un sentido trascendente del ser humano. "Tener una orientación", un objetivo más allá de esta vida, reporta beneficios inmediatos a la hora de vivir tu presente.

Dignaga afirma más adelante que para convertirte en un Buda es preciso desarrollar sabiduría y compasión, no solo en esta vida sino más allá. En este sentido, tanto Dignaga como su comentador Dharmakirti, dedican una gran parte de sus obras a presentar razonamientos que acreditan la existencia de la reencarnación[10], para que veamos la necesidad de cultivar ambas cualidades espirituales hasta el infinito.

Estos antiguos tratados no fueron escritos para convencer de la existencia de la reencarnación a materialistas de la época como los charvakas, sino para despertar confianza en el practicante acerca de la existencia de Buda, y que tomar refugio significa emprender el camino sabiendo adónde lleva.

Si puedes convencerte a ti mismo de que la consciencia continúa, entonces es del todo factible que alguien — como tú mismo — pueda adiestrarse hasta

____

10. En mi *Libro Tibetano de la Muerte* publicado por Ediciones Amara, utilizo de manera sucinta las razones principales que esgrimían Dignaga y Dharmakirti para avalar la existencia de la reencarnación.

llegar a la perfección de estados como la compasión y la sabiduría, cualidades de la mente iluminada de un Buda.

El día en que la ciencia demuestre que la parte inmaterial o mental del ser cesa cuando el cuerpo muere, no solo el budismo sino cualquier otra religión dejarán de tener sentido.

Hay varios modos de empezar a reflexionar acerca de la reencarnación:

1) Si has evidenciado que las minuciosas explicaciones del Buda acerca de las Cuatro Nobles Verdades son infalibles, pregúntate ¿por qué iba a mentir en este punto tan importante, el que explica la razón por la que en la vida hay sufrimiento y por qué este puede eliminarse?

2) Investiga lo que crees que puede acontecer después de tu muerte. ¿Te extingues?, ¿sigues?, ¿tienes alguna idea al respecto?

Es probable que te des cuenta de que, en realidad no le has dedicado a este tema ni tan solo un pensamiento en tu vida. En consecuencia, ¿cómo puedes negar algo de un modo tan taxativo cuando ni tan siquiera te has detenido a pensar en ello? Solo crees lo que crees porque esta es la visión materialista predominante de los últimos años. Y, que una idea sea predominante no significa que sea cierta. Durante los años sesenta muchos pedagogos y educadores creían que era bueno que los profesores en los Institutos no mostrasen mano dura o ejercieran su autoridad con sus alumnos, también dudaban de la eficacia de usar y ejercer la memorización para estudiar. Ahora, ya en el siglo XXI parece ser que estos modos de proceder están en tela de juicio.

Es preciso incidir en que empezar la práctica del budismo y la meditación conlleva un sinfín de beneficios en esta misma vida. Lo que se recibe después de vidas de adiestramiento es el resultado final de Iluminación, a no ser que entres en el sendero del Tantra que te la garantiza en un solo espacio de vida. Pero, mientras no llegue ésta, el mero hecho de seguir el sendero reporta mucha luz en nuestras vidas.

Para los charvakas, los materialistas de la época de Dignaga y Dharmakirti, las vidas pasadas y futuras no existen por dos razones principales:

1) Porque nadie las ha visto.

Dignaga responde que, el hecho de que no percibas algo, no significa que no exista. Aunque muy simple, es una respuesta razonable. Podemos argumentar en su contra, que el hecho de que tú percibas algo tampoco significa necesariamente que exista. Probablemente, en muchos casos es así.

El término sánscrito *pramana* (cognición o consciencia válida) enseña que un objeto solo existe si es percibido por una mente válida. Si lo que percibes — por ej, dos coches — es producto de una mente no válida como lo sería estar bajo los efectos del alcohol, no existe aunque lo veas porque es el objeto de una percepción errónea ya que en realidad solo hay un coche. En este sentido, si una persona percibe las vidas futuras con una mente válida — la directa o la deductiva — entonces éstas existen, tanto para los que crean en ellas como para los que no lo hagan. Es decir, si la reencarnación no existe, aunque creas en ellas, no *existe*; si la reencarnación existe, aunque no creas en ella, *existe*.

2) Porque la mente es fruto de un cuerpo temporal, tal y como nos indican estas tres analogías:

   a) La mente es una cualidad del cuerpo, como el alcohol y su capacidad de emborrachar
   b) La mente es parte de la naturaleza del cuerpo, como una pared y un dibujo hecho en ella.
   c) La mente es un resultado del cuerpo, como la lámpara y la luz que emite.

Dignaga señala que la mente no es un producto del cuerpo. Que estén relacionados no significa, necesariamente, que el cuerpo sea la causa directa de la mente. La idea materialista imperante es que la mente es un producto del cuerpo, y cuando éste cesa y se empieza a descomponer, la mente también cesa. Los charvakas de la antigüedad no podían aceptar que vayamos desde esta vida a una futura ya que para ellos la mente es como un dibujo hecho en una piedra, si ésta es destruida, el dibujo desaparecerá con ella. Para ellos la mente no existe antes de la formación del cuerpo y no continua una vez éste se desintegra. Esta idea es muy popular también en nuestro mundo actual.

Según el principio de que cualquier resultado ha de tener necesariamente una *naturaleza similar* a la causa, el cuerpo y la mente son de naturalezas diferentes. La causa de un objeto material ha de ser material, la de un objeto inmaterial ha de ser inmaterial. Aunque están relacionados no tienen el mismo origen y éste es el meollo de la cuestión a desentrañar para aseverar la existencia o inexistencia de la continuidad de la mente.

La mente, al ser de naturaleza inmaterial, solo puede provenir de una sustancia de naturaleza similar: inmaterial. Y el cuerpo, siendo de naturaleza material ha de ser un resultado de una causa material: las sustancias de nuestros propios padres[11].

El origen de nuestro cuerpo proviene de sustancias materiales de nuestros padres; pero nuestra mente no se originó en el seno materno, en el justo instante de la concepción, o al salir del útero sino antes: en la vida inmediatamente anterior. Y por ello venimos a este mundo con una pesada mochila kármica.

Si la mente es inmaterial, de diferente naturaleza que el cuerpo, es del todo posible que nuestra consciencia prosiga una vez el cuerpo ha desaparecido.

Para Dignaga y Dharmakirti, un momento previo de consciencia es la *única causa principal* para que aparezca un momento posterior de esa misma consciencia, de ahí que hablemos de "continuo mental" que se reencarna de vida en vida. No niegan que el cuerpo pueda afectar a la mente y viceversa; lo único que niegan es que el cuerpo sea la causa principal de la mente.

Una causa principal ha de tener necesariamente la naturaleza de gobernar las cualidades que existen en su efecto. Esto implicaría que la mente no podría sufrir transformación alguna sin que ocurriera alguna modificación en su causa principal, el cuerpo. Pero, la verdad es que la mente puede sufrir transformaciones sin que ocurra cambio alguno en el cuerpo. Sentado en un cómodo sofá puedes

---

11. A este respecto sugiero al lector la lectura de textos como *Karma y Renacimiento* y *El Libro Tibetano de la Muerte* que explican con más detalles estos razonamientos.

recordar sucesos desagradables ocurridos muchos años atrás y sentirte triste de inmediato, o al contrario, feliz recordando sucesos agradables. El cuerpo no es la causa principal de dichos estados. En realidad, una persona con grandes deficiencias físicas puede ser brillante mentalmente.

Según Dharmakirti *solo* la disposición mental y no la corporal es la responsable de un aumento o disminución de cualidades como la sabiduría, la compasión, la paciencia, la concentración y otras. Despertar una habilidad o conocimiento particular se logra a través del estudio y una práctica repetida, lo cual indica que el desarrollo de la mente ocurre de manera independiente a la disposición del cuerpo. No hay secretos, no hay magia: si quieres aprender bien el Dharma escucha y escucha enseñanzas sin parar.

Podríamos reflexionar también en nuestras propias tendencias mentales. Cada uno de nosotros tiene tendencias diferentes que facilitan poder emprender una actividad o despertar pensamientos específicos. Dignaga lo ilustra con estas palabras:

> El apego y los demás engaños surgen gracias a
> la familiaridad o tendencia previa.
> Sería contradictorio sostener que se desarrollan
> sin causa alguna.

Una tendencia significa "un acto repetido una y otra vez". Existe en nuestro interior un amplio ramillete de *emociones aflictivas*[12], y es obvio que cada uno de

---

12. Ver, *Estudio de la Mente* de Gueshe Tashi, y *Tu Naturaleza Interior*, de Gueshe Tamding Gyatso, ambos publicados por Ediciones Amara.

nosotros tenemos tendencias distintas..." Nuestras tendencias presentes no aparecen de la nada y una de sus causas es un proceso de repetición, que no empezó en nuestra vida actual sino en las pasadas. Unos somos propensos a la ira, otros a la pereza, a los celos, la envidia, etc. Cuanto más repetimos algo, menos nos cuesta hacerlo.

Por culpa de las tendencias creadas en el pasado y las que vamos reforzando en el presente, las emociones engañosas suelen aparecer de modo automático. Familiarízate con estados mentales negativos como la ira, el apego, las mentes depresivas, la envidia y otras, y se volverán más *habituales* y difíciles de eliminar. Familiarízate con estados mentales positivos como la compasión y la sabiduría, y la iluminación se acercará.

Es importante tener en cuenta que nuestra actividad del presente crea tendencias mentales y experiencias específicas para el futuro, lo cual significa que podemos modelarlo e influir en él.

Unas notas autobiográficas

Ya de muy joven, cuando cursaba segundo o tercero de bachillerato, recuerdo vívidamente que estando en clase de latín, y mientras escuchaba las disertaciones de mi viejo profesor, tenía dos pensamientos recurrentes que me fueron acompañando en mi juventud: fantasear con una vida de viajes y "¿por qué tiene que ser obligatorio hacer el servicio militar? Yo no voy a ir. Haré lo que sea para evitarlo". No concebía tener que pasar dos años de mi vida aprendiendo maneras de hacer daño a los demás.

Sí, ciertamente, era la época de la dictadura franquista y, es bastante probable que determinadas circunstancias externas, como las noticias en blanco y negro que se emitían en el Telediario sobre la guerra del Vietnam, hubieran activado esos pensamientos, especialmente el segundo. En todo caso solo se trataría de una causa secundaria propiciatoria de dichos pensamientos; es decir, se limitarían a activar una idea que ya estaba presente en mí, aunque fuese a un nivel inconsciente. Pero la fuerza y determinación de ese pensamiento que años más tarde me impulsaría a convertirme en prófugo y vivir en el exilio durante cuatro años, no se creó únicamente en aquellos momentos y circunstancias.

En realidad, muchos compañeros de escuela también veían a diario las mismas noticias en la tele y no les causaba ningún tipo de reacción. ¿Por qué surgía en mí aquel pensamiento o convicción irracional con tanta fuerza y claridad?

Yo venía de una familia de clase media, relativamente acomodada. Tenía, por decirlo de algún modo, "un nombre", era el hijo de personas muy conocidas en mi pueblo. Años más tarde, cumplidos los diecinueve y después de haber pasado unas semanas en Londres estudiando inglés, (cómo había hecho todos los veranos desde que tenía 17), regresé acompañado de dos amigas de la antigua Yugoslavia para explicarles a mis padres que quería marcharme de España, que no quería presentarme a filas. Estaba haciendo real la inclinación que solía tener siendo un chaval en la escuela.

Aquellas dos mujeres que se habían cruzado en mi camino, resultaron un apoyo inestimable para cumplir ese sueño fruto de la tendencia-idea antes relatada.

Pese al enfado de mis padres, salí de mi pueblo hacia Barcelona y, sin tener una idea muy clara de qué haríamos o de qué viviríamos, nos fuimos los tres en autocar a Londres, vía París.

Desde 1974 hasta 1977 viví en Londres, París, en Grecia, Italia, Noruega, Dinamarca, Holanda y la antigua Yugoslavia. Desde los 19 hasta los 23 años crucé fronteras con un pasaporte caducado, que aún guardo con cierta nostalgia.

Los primeros dos años de mi viaje vital los pase acompañado, pero, a partir del tercero, me quedé solo en tierras griegas. Y fue entonces cuando, por vez primera, experimenté el verdadero sentido del sufrimiento de la incertidumbre, la falta de status (allí nadie sabía de mis "gestas" como pivot de mi equipo local), la soledad, el escaso control sobre los acontecimientos que me iban ocurriendo… Lugares y personas pasaban por mi vida, pero pronto debía dejarlos y seguir adelante en mi viaje.

En general, solemos apoyarnos en la familia, los amigos, el país, la comunidad, en nuestro apellido o en el sobrenombre con el que se nos identifica en un entorno concreto. Son nuestros puntos de referencia y estamos convencidos que dan sentido y coherencia a nuestra vida. Y, sobretodo, nos proporcionan la sensación de tener una red protectora, un refugio, un sentimiento de pertenencia. Todas estas referencias habían desaparecido para mí y comprendí que, en realidad, me gustara o no, nunca había existido una red protectora, se trataba tan solo de una ilusión.

El modo en que estructuramos la vida nos aparta de nuestra situación verdadera. Y se requiere una gran fuerza de voluntad para ver claramente dónde nos encontramos, sin la ayuda de los puntos de referencia mencionados.

Si lo piensas, es muy inquietante no tener absolutamente ningún control sobre lo que te sobrevendrá. Pero, usar este hecho en meditación, activa la mente de la renuncia y el deseo de tomar refugio, lo cual cura y elimina todo temor. En ocasiones, aunque muy raramente, puede aparecer este reconocimiento en el corazón de las personas pero, en seguida, nuestros puntos de referencia se ocupan de apartarnos de aquello que en el fondo ya sabemos: no hay red protectora, no hay seguridad, no controlas absolutamente nada. Eres una hoja a merced de los vientos de tu karma.

Viajar del modo en que me vi obligado a hacerlo, siempre hacia delante, me puso en contacto con estas experiencias, aunque en aquellos locos años de mi juventud no tenía formación espiritual suficiente para poder darles un sentido. Más tarde, ya instalado en Menorca, me encontré con Maestros budistas, y sus explicaciones me ayudaron a ordenar y clasificar las intensas vivencias que tuve en mi periplo como exiliado.

En definitiva, una sola de nuestras tendencias puede afectar la trayectoria de toda una vida.

La razón y la fe

ignaga (450 d. Cristo) es el fundador de la lógica budista, un área de conocimiento cuyo objetivo es demostrar, desde la razón, la existencia de temas que no son evidentes a los sentidos, pero que son vitales para despertar la inteligencia espiritual. Es autor del texto llamado *Compendio de los Medios para un Conoocimiento Válido*, también conocido como *Sutra de la Cognición Válida* (Skt: *pramana-samuccaya*). Este texto sería posteriormente comentado por su discípulo principal, Dharmakirti, en otro célebre trabajo, titulado Comentario al *Sutra de la Cognición Válida* (Skt: *pramanavatika*).

Para reafirmar nuestra convicción de que el estado de Buda es posible, y de que la existencia de Seres Iluminadas es un hecho, haré referencia a una de las citas más relevantes del texto de Dignaga. Todo ello partiendo de la base de que nuestra situación existencial es la descrita anteriormente, siempre condicionada por los distintos niveles de *dukha* y los cinco tipos de impermanencia. Es la siguiente:

Me postro ante Aquel que se convirtió en perfectamente correcto,

cuyo deseo es beneficiar a los seres conscientes,
el Maestro, el *Sugata* y Protector.

En la India de la época de Dignaga convivían filosofías y religiones diversas. Cada una de ellas trataba de explicar la complejidad del mundo, los fenómenos y los seres. Una de las interpretaciones más populares afir-maba que todo había sido creado por un Ser Todopoderoso, un Dios. La mayoría de tendencias religiosas del momento coincidían en este punto: La tierra y todos los seres que en ella habitaban habían sido "creados". El más popular de estos entes creadores era conocido como la "naturaleza primordial" y se le atribuía la cualidad de ser una entidad inherente y estática que se había creado a sí misma de modo espontáneo.

Sin embargo, y pese a la tendencia en confundir los términos, un Buda es "alguien que se convirtió en perfecto" a través de un proceso. Esto tiene varias implicaciones:

1) Que para convertirse en un ser infalible debe acumular muchas causas, entre las que destaca seguir un camino interior durante un largo periodo de tiempo.

2) Que antes de convertirse en un Buda, ha sido un ser humano exactamente igual a nosotros, con idénticos problemas.

3) Que un Buda no es permanente, es decir, no viene existiendo desde siempre.

Afirmamos que un Buda es probado válido o "perfectamente correcto" porque es omnisciente, lo cual significa que posee un conocimiento incontrovertible de las causas de la insatisfacción y de cómo erradicarlas. Si es "alguien perfectamente correcto" ha de estar capacitado para ayudarnos.

Dignaga dice también "Cuyo deseo es beneficiar a los demás". Una de las prácticas primordiales del aspirante a Buda es la compasión. El término "compasión" en occidente está un tanto desvirtuado, pero su definición es la siguiente: "El deseo de que todos los seres se libren del dolor y de las causas que lo producen". La compasión siempre debe ir acompañada del amor bondadoso (amor en mayúsculas), que se define así: "El deseo de que todos los seres tengan la felicidad y sus causas".

A pesar de que muchos creemos estar en posesión de ambas actitudes, a Buda le costó un larguísimo periodo de tiempo llegar a ellas, probablemente, confundimos amor y compasión con estados mentales que, aun siendo positivos en apariencia, carecen de ese grado de perfección. ¿No sería absurdo que un Ser Iluminado hubiera necesitado trabajar durante tanto tiempo para transformar su mente en amor y compasión, y que nosotros, espontáneamente, estuviéramos ya dotados de estas dos excelentes virtudes?

En nuestra vida cotidiana hacemos uso frecuente de un estado mental parecido al amor bondadoso, pero es una forma de apego. Bajo su influencia te enfocas en un objeto o persona agradable, ignoras sus imperfecciones, exageras sus cualidades y generas el deseo de tenerle cerca, de poseerlo. Es como estar "cosido" al objeto, siempre está en tu mente, vayas donde vayas. Uno de los problemas con el apego es que va asociado a la obsesión de que ese "algo" o "alguien" son los responsables de tu felicidad.

La intención del amor bondadoso, en cambio, es dar felicidad a los demás. La diferencia con el apego es que todo lo que hacernos tiene el propósito de hacer felices a los demás, mientras que, movidos por el amor apego, nuestra actividad tiene el propósito de hacernos felices a nosotros mismos. Si esa persona no te hace feliz, dejas de "amarla".

Estamos condicionados a creer que el amor sin apego no es amor cuando, en realidad, el apego es el veneno que intoxica el amor puro. Las exigencias de nuestro deseo incontrolado nunca nos llegarán a saciar del todo.

En la mayoría de nuestras relaciones personales, desplegamos una mezcla de amor y apego, valoramos a la otra persona porque nos hace sentir bien, menos solos, nos dice lo que queremos escuchar. El amor del que habla Buda no está mezclado con el apego y tiene como único objetivo la felicidad ajena.

Al principio, meditar en el amor podría consistir en ir reduciendo nuestro apego y tratar de enfocarnos única y exclusivamente en los demás. Preguntarnos: "¿Qué es lo que predomina en mi mente el amor o el apego?"

Analizándolo desde este nuevo punto de vista, quizás descubras que un 90% de tu amor es apego, y solo el 10% amor puro. Pero, desanimarte ante tal revelación no es el objetivo. Nuestro trabajo debería consistir en ir aumentando ese 10%. Y aunque tuviéramos que dedicar toda nuestra vida a este empeño, ya habrá merecido la pena vivirla.

Tomar refugio es mucho más que recitar unas palabras. Las palabras solo sirven para recordarte lo que tienes que hacer, en este caso, perfeccionar tu amor, compasión y sabiduría. Cuando estás esperando el autobús, en tu trabajo, o caminando, tu mente puede estar mejorando cualquiera de los tres, en consecuencia, estarías tomando refugio aunque no recites ni una palabra y no sólo esperas tu autobús, trabajas o caminas....

"Maestro" da a entender que, en su largo recorrido para llegar a convertirse en un Buda, tuvo que despertar sabiduría. La compasión sin sabiduría es ciega. La unión de la sabiduría y la compasión constituyen el motor que transporta al ser más allá de los problemas cíclicos que le asolan. "Maestro" significa también que, después de su logro, un Iluminado enseña a los demás el modo de salir de sus problemas: Nos hace entrega del mapa a seguir para llegar al tesoro del Nirvana.

Buda es un Maestro porque ha percibido directamente las Cuatro Nobles Verdades. Y éstas solo se comprenden en toda su dimensión cuando uno entiende que el lugar donde se manifiestan es la continuidad de la mente. Las enseñanzas del Iluminado son medios hábiles basados en la razón para que nosotros mismos lleguemos a su estado.

Buda *"se convirtió en perfecto"* y "siempre desea beneficiar a los seres conscientes" porque a lo largo de su sendero desarrolla una gran compasión y sabiduría. Estas dos cualidades le convierten en un Maestro cuyo particular empeño es servir a los demás.

Puesto que Buda es un Maestro que enseña el método para liberar a los seres del sufrimiento y conducirles a la Iluminación es un "Protector". Su enseñanza elimina los dos obstáculos que ocultan la naturaleza pura de la mente: el obstáculo de las emociones aflictivas, que impide la Liberación, y el obstáculo más sutil, que impide la omnisciencia o Iluminación[13].

¿Qué enseña el Maestro? Su enseñanza Primordial es la Sabiduría que comprende el Vacío, o ausencia de existencia intrínseca. "Existencia intrínseca" es un fenómeno inexistente al que nos aferramos. Este error impregna de un modo imperceptible todo lo que ves en ti mismo, en los demás, y en la realidad que te rodea. Es responsable de que aparezcan las emociones aflictivas.

Puesto que la compasión te hace vivir en armonía con los demás, y la sabiduría crea tu armonía interior, ambas constituyen una protección suprema que no hace más que crecer en quienes toman refugio sinceramente. Pero esa protección no viene exclusivamente del Buda, del Dharma o la Sangha, sino de tu propio esfuerzo y diligencia en la meditación. Dignaga señala:

> Considera la compasión, la sabiduría y otras virtudes: Si te acostumbras a ellas, actuarán de manera espontánea en tu mente y dejará de ser necesario el esfuerzo por alcanzar en meditación un nivel mental similar al anterior. Así sucede porque una de las excelentes cualidades de la mente es su capacidad para generar un continuo mental de aspecto similar, sobre la base de un esfuerzo reiterado.

La meditación, a pesar de lo que mucha gente cree, no es un método fácil y rápido para relajarnos. Ni siquiera significa únicamente estar concentrado. El término meditación en tibetano es *gom*, cuya interpretación textual

---

13. El primer obstáculo se refiere a las emociones aflictivas y el potencial de despertarlas cuando no están activas. Y el segundo obstáculo es el "aroma" que ha dejado en la mente el primer obstáculo, aunque ya lo hayas sacado de tu mente.

es "acostumbrarse". Acostumbrar la mente a estados mentales positivos. Es decir, no solo meditamos sentados en un Templo o en un cojín, sino mientras caminamos, comemos, bebemos o incluso cuando hablamos, podemos "acostumbrar" la mente a un estado compasivo. Trabajando así se llega a un punto en que este estado mental es "espontáneo". Dicha experiencia es el Templo verdadero donde encontrar paz y refugio.

Podemos acrecentar la compasión con la ayuda del ejemplo más claro que exponen los textos: el sentimiento de una madre ante la visión de su hijo sufriendo. La fuerza de la compasión materna se dirige hacia una sola persona: no soporta ver a su hijo en una situación dolorosa. La compasión iluminada tiene como objeto a *todos* los seres.

La sabiduría de la que hablan las escrituras es la que comprende la verdadera naturaleza de la realidad. Es posible ir acostumbrándose a ella pensando que uno mismo, los demás, y el entorno no son entidades fijas, sino transitorias, perecederas. Y podemos mejorar hasta llegar a entender que *nada existe de un modo independiente o intrínseco; tu mente así lo ve influenciada por tu propio karma.*

La idea de la meditación es adiestrarnos para que estos dos estados lleguen a funcionar de modo *espontáneo.* Aplicar el debido esfuerzo es una de las causas principales para mantenerlos activos de forma continuada. Al estar en contacto con la verdadera naturaleza de la realidad, eliminas la ignorancia que desconoce esa realidad. El resultado es un estado mental apacible y feliz.

La naturaleza de la mente hace posible que, gracias a la familiarización, la compasión y la sabiduría puedan ser establecidas e incrementadas. Observa cómo funciona tu mente ante el enfado: si tienes tendencia a alterarte ante una situación específica, no te hace falta darle muchas vueltas, el enfado aparece de un modo espontáneo. Resulta incluso tan familiar que estás convencido de que este tipo de reacción forma una parte inherente de tu personalidad. Pero, si este mecanismo se produce en sentido negativo, ¿por qué no va a producirse también en sentido positivo? Familiarizándote, despertarás una sabiduría y compasión tan fuertes como lo pueda ser ahora tu tendencia al enfado, y estas dos cualidades sí formarán parte de ti para siempre.

El problema es que estamos muy hechos a despertar mentes negativas, y menos habituados a las positivas. El poder de la familiaridad es una prueba que avala la certeza del Nirvana y la Budeidad.

Aunque Dignaga dice que Buda es un Protector, no nos confundamos: *solo* puede ayudarnos por medio de su enseñanza. Expone lo que ha visto, su experiencia y el modo de llegar a ese mismo estado, mostrando todos los recovecos y atajos del camino, sus peligros y cómo evitarlos para llegar a destino. Buda nos anima a que *nos ayudemos a nosotros mismos* poniendo en práctica lo que Él enseña. No es omnipotente, muestra su magnificencia señalando el sendero sin error alguno.

El término sánscrito "*Sugata*" significa "aquel que se ha ido al gozo". Dicho gozo se experimenta tras haber alcanzado el cese irreversible de todo obstáculo interior. La sustancia de la que están construidos todos los obstáculos son nuestras propias emociones aflictivas y el karma. "Cese" es una limpieza completa de lo que es temporal y que no forma parte de la naturaleza inherente de la mente: las emociones aflictivas y sus semillas, responsables del sufrimiento.

Empecé a interesarme en las ideas de Dignaga y Dharmakirti cuando, en una ocasión expresé el deseo a mi Lama de empezar un preliminar a la práctica tántrica, que consiste en contar cien mil oraciones de refugio. Gueshela me dijo sonriendo:

> Está muy bien que quieras acumular cien mil recitaciones de la oración de refugio pero ¿no sería mejor que estudiaras antes las cualidades, funciones y naturaleza de las Tres Joyas?

Aunque en un principio su respuesta me confundió (yo pensaba que contar cien mil oraciones de refugio era toda una proeza), pasados unos años entendí cuán sabio era aquel consejo: sin conocer en profundidad las cualidades, funciones y naturaleza de las Tres Joyas ¿de qué me servía repetir un montón de veces una oración dirigida a un objeto que aún no conocía en profundidad?

A este propósito Dignaga dice:

> Si no sabes nada acerca de las Tres Joyas ni tienes
> una buena razón por la que tomar refugio en ellas,
> aunque las lágrimas de tu devoción sean como la lluvia
> que cae del cielo, solo recibirás la virtud de recitar sus
> nombres sagrados, pero no habrás interiorizado
> el sentido real de tomar refugio.

Desde entonces, cuando oigo la expresión "Buda", me ejercito en no circunscribirlo a un área geográfica o cul-

tural, sino que pienso en quien, movido por su compasión y sabiduría, ha logrado los dos objetivos primordiales: el beneficio personal y el de todos los demás. Y me postro ante Él porque 2500 años después de pasar al Paranirvana, sigue describiendo mi realidad de manera perfecta.

Kedrup Je, discípulo principal del Lama Tsong Khapa y renombrado comentador de los textos de Dignaga y Dharmakirti, les solía decir a los tibetanos:

Tomas refugio, pero, ¿sabes en qué o en quién? Si te pido una prueba de la existencia de Buda ¿me la darás? Y si no me la puedes dar ¿cuál es, entonces, tu refugio?

Un Buda no aparece de la nada; ha alcanzado ese estatus de infalibilidad gracias a su acopio de virtud y sabiduría, es el fruto de su profunda maestría en la compasión y sabiduría. Y ambas están a tu alcance, no son patrimonio cultural de oriente, sino de toda la humanidad.

Dignaga se postra ante aquel que se convirtió en perfecto, el que desea beneficiar a los demás, que es un Maestro, que experimenta el gozo, y que es un Protector. Haberse convertido en un ser perfecto significa que sólo enseña lo que ha visto, lo que ha experimentado. Percibe correctamente el modo en que existen las cosas y el modo en que aparecen: la realidad última y la engañosa. También significa que, al principio, Buda no era un ser iluminado sino un ser ordinario como cualquiera de nosotros. Llegar a la iluminación depende de tu esfuerzo y de crear las causas precisas que te lleven a dicho estado.

Si la mente empezara a funcionar cuando salimos del vientre de nuestra madre y cesara al morir, el estado Iluminado no sería posible. Puesto que la mente es un fenómeno transitorio y cambiante, puede transformarse en la mente de un Ser Iluminado.

"Que se convirtió en perfecto", niega la existencia de un creador del universo y de los seres. El budismo es un sistema espiritual ateo. A todos nos gustaría poder abandonarnos a la cómoda creencia de que existe un ser todopoderoso con total capacidad para cuidar de nosotros, pero, aunque esta sea una creencia enraizada, no tiene una base lógica. En realidad, las escrituras señalan que un ser o dios creador es un fenómeno inexistente, lo comparan a una flor en el cielo: del todo imposible.

Uno de los motivos es que, si realmente fuéramos responsabilidad de un ser todopoderoso y permanente, que no ha sido creado por ninguna otra fuerza ¿por qué nuestra vida debería tener una duración determinada?, ¿por qué las cosas deberían de estar sujetas a cambios? Si es omnipotente ¿por que no lo creó todo en el mismo instante y no por etapas? Tal como afirma la ciencia, todas las cosas son causadas, y la existencia de algo que no dependa de causas es imposible. Por tanto, una omnipotencia no creada es imposible.

Necesitamos de la ciencia ya que nos enseña acerca del mundo, los planetas, la naturaleza, la anatomía humana, las enfermedades… La ciencia mejora nuestra vida material, pero *no puede ni podrá* enseñarnos qué actitudes espirituales adoptar para superar el dolor intrínseco a nuestra condición humana y ser más felices.

¿Por qué las enseñanzas del Buda son de fiar en este sentido? Por la descripción profunda y precisa que hace de las dos nobles verdades que hemos visto en los primeros capítulos. Un Buda es un Maestro perfecto porque enseña y conoce la condi-ción de la existencia. Dos de estas Cuatro Verdades describen nuestra existencia condicionada e imperfecta, las dos restantes describen el modo de trascender esta situación.

Puesto que Buda percibió las Cuatro Nobles Verdades es un Maestro y Protector. Nos describe de modo inmaculado la Primera Noble Verdad, *dukha*, que todos podemos confirmar sin necesidad de tener fe. Pero, no se quedó allí, sino que nos enseñó las tres Verdades restantes, que también son razonables y deducibles.

Pero recuerda, Buda sólo te ayuda enseñando, no puede eliminar tus problemas por arte de magia. Según el budismo, la magia solo aparece tras años de estudio y práctica meditativa. Una cita del *Conjunto de Dichos que dan Aliento* dice:

> Yo te he enseñado el sendero que elimina
> Las fauces del ansia.
> Tú debes lograr el resultado.
> Los Tathagatas solo señalan el camino.

Buda es Maestro y Protector porque ha borrado de su mente todo lo malo. Y por este motivo "se ha ido al gozo", es un *Sugata*. En ausencia de emociones aflictivas y obstáculos interiores, la mente mora en paz y deleite. Es un Protector que vive en el gozo, y como Maestro, enseña las Cuatro Nobles Verdades movido por su gran compasión.

Resumen abreviado

El método de enseñanza de la filosofía budista incluye una técnica basada en la repetición de la enseñanza, con el fin de que la instrucción eche raíces en la mente; es como ensayar para aprender a bailar, se machacan una y otra vez los mismos pasos para que queden incorporados en el cuerpo y en la memoria. Un último recordatorio:

"Se convirtió en perfecto" describe la tesis principal de la obra: Buda es una autoridad infalible respecto a los objetivos espirituales de aquellos que persiguen la Liberación.

El resto de afirmaciones del verso de Dignaga explican que el Buda ha alcanzado su estatus cultivando dos causas principales: la gran compasión, y la sabiduría que percibe la falta una de existencia sustancial en la persona y los fenómenos.

El resultado de estas dos causas es la Iluminación, dotada con dos grandes cualidades: la perfección de alcanzar los objetivos propios, y la perfección de alcanzar los objetivos de los demás. La primera se sintetiza en la palabra *Sugata* o "aquel que se ha ido al gozo". Conseguir el objetivo de los demás se contiene en el término "Protector". Un Buda es un Protector porque posee el conocimiento que le capacita para revelar el sendero a los demás, así como la compasión que le impulsa irremediablemente a ejercitar dicha capacidad de manera sincera y precisa. No es un salvador en el sentido de una fuerza externa con poderes para liberarte.

La Iluminación es posible

Nos sentamos a meditar para llegar a la Iluminación, la Liberación. Ahora bien, ¿existe la Liberación realmente? O, ¿nos sentamos a meditar porque alguien nos ha hablado de este estado perfecto? La Liberación es lo opuesto al samsara. Hay un samsara general que experimentamos todos los seres colectivamente y un samsara particular que cada uno vive en la soledad de su interior.

Necesitamos una razón importante que nos haga sentarnos a meditar. Una vez más, hemos de hacer uso de la inferencia para detectar fenómenos de conocimiento escondidos como la existencia de la Liberación. Dignaga señala que:

> Lo que sea que tiene poder suficiente para afectar la causa de algo, es un antídoto suficientemente poderoso para destruir el continuo de ese algo.

Imagina que tienes un sarpullido producido por una infección. La infección es la causa directa del sarpullido, y solo si ingieres una medicina, desaparecerá. El origen del samsara-sarpullido es la ignorancia, y su antídoto es la sabiduría.

El proceso es el siguiente: por culpa de la ignorancia generamos apego y aversión, que dan lugar a más emociones aflictivas. Éstas nos impulsan a realizar actos físicos, verbales y mentales cuyas impresiones kármicas se acumulan en la mente, y afectarán a nuestros pensamientos y experiencias futuras.

El peor tipo de ignorancia es el que concibe el yo y los fenómenos como si estuvieran dotados de una exsistencia intrínseca o *independiente*. Su antídoto es la sabiduría que comprende el vacío: el yo y los fenómenos dependen de causas y condiciones para existir. Y la conclusión es que si dependen no son independientes.

Llegamos a la comprensión del vacío a través de una trayectoria basada en la investigación, analizamos si las cosas existen realmente del modo en que hasta ahora creíamos. Debemos preguntarnos ¿Existe la realidad tal y como yo la concibo? La sabiduría nos revela que este tipo de existencia al que estamos tan acostumbrados, es imposible, y en su lugar se producirá una ausencia: dicha ausencia es la experiencia de la vacuidad, que es el umbral de la Iluminación.

Resulta muy claro que las causas de algo — el samsara, en este caso — y el hecho de aplicar un poderoso antídoto a dicha causa, son fenómenos mutuamente excluyentes: cuanto más aumenta uno, más disminuye el otro. A este respecto Dignaga dice:

> Cualquier mente que se implica con la naturaleza de las cosas de una manera equivocada ha de tener, necesariamente, un poderoso destructor.

El objeto al que se aferra la ignorancia es inexistente (las cosas no existen independientemente), por tanto, debemos poder aplicar un antídoto definitivo que es, precisamente, comprender lo imposible de dicha existencia. Averiguar la inexistencia de aquello a lo que se aferra la ignorancia es lo único que puede eliminarla de un modo definitivo.

Ten en cuenta este punto clave en el que merece la pena insistir, el objeto al que se aferra la mente ignorante es la existencia intrínseca que, en realidad, no existe. Pero la mente que se aferra a ese modo falso de existencia, *sí existe*. Cuando descubres la falsedad del objeto, la mente ignorante desaparece sin más ya que no tiene un apoyo donde sostenerse.

¿Es posible, pues, llegar a la Iluminación? Sí. La Iluminación es el fruto de la perfección de la sabiduría y la compasión. Y, recuerda, hay dos argumentos que avalan la posibilidad de lograr ambas cualidades:

1) la existencia de las vidas pasadas y futuras permite que, tanto la compasión como la sabiduría, puedan desarrollarse hasta su perfección.

2) Y esto último es posible, señalan las escrituras, porque a diferencia de las cualidades físicas, que tienen un techo, el desarrollo de cualidades mentales no lo tiene.

La mente está dotada de determinadas habilidades que hacen posible desarrollar la compasión y la sabiduría hasta su total refinamiento, aunque sea un trabajo de vidas. La mente permite progresos continuos a lo largo de un periodo indefinido de tiempo porque no es un fenómeno limitado, como el cuerpo físico. La compasión y la sabiduría se perfeccionan gracias a la familiarización, de modo que cada avance permanece en forma de semilla en la mente y contribuye a una superación posterior. Cada instante de concentración en la compasión proporciona un ímpetu para que dicho estado pueda expandirse sin límite. Dignaga señala que:

> Un modo de demostrar cómo se hizo perfecto es el siguiente: Piensa en Buda, el Vencedor Trascendente, perfectamente válido para aquellos que buscan la liberación ¿Por qué? Porque al haber completado la práctica de la gran compasión, solo puede revelar un método perfecto a sus discípulos, y puesto que posee la omnisciencia dotada con las tres características, solo puede enseñar un sendero inmaculado.

La primera cualidad de su estado, omnisciente y docto, es que su mente percibe la verdadera naturaleza de los fenómenos directamente. La segunda, es que no lo hace sólo en ocasiones sino siempre, en todo momento. La tercera es que concibe la verdad convencional y última simultáneamente.

Hasta este capítulo hemos desarrollado un buen número de razonamientos que nos ayudarán a despertar el temor y fe necesarios para entregarnos a un objeto de refugio seguro. Obviamente, estas explicaciones deben ser contempladas y meditadas e incorporadas para que surja en nosotros el instinto de buscar la protección de los Seres Iluminados.

Por este motivo, a continuación, propongo un análisis del concepto de fe según el budismo.

¿Qué entendemos por fe?

La mayoría de las cosas que configuran nuestra realidad cotidiana son objetos evidentes a nuestros sentidos, y para conocerlas tan solo necesitamos ver, oír, oler, saborear y tocar. Pero, existen una gran cantidad de fenómenos que no son tan obvios, y para advertirlos necesitamos despertar un aspecto de la mente llamado inferencia (o deducción), de la que ya hemos hablado en capítulos previos.

La inferencia es "el instrumento del que nos valemos para tener un conocimiento válido de aquellas cosas que no son accesibles a los sentidos". Aquí se incluiría, por ejemplo, el reconocimiento de un potencial infinito en cada uno de nosotros, la continuidad de la consciencia, el vacío, la transitoriedad sutil, el hecho de que uno siempre recoge lo que siembra — o ley del karma —, la existencia de Seres Iluminados, la posibilidad de liberarse del samsara y otros tópicos.

Es precisamente en esta zona escondida (no accesible a los cinco sentidos físicos) donde se sitúa la espiritualidad. La espiritualidad describe objetos de conocimiento imperceptibles a los que solo accedemos despertando mentes inferenciales, y es muy importante aprender a incitarlas y trabajar con ellas. Si nadie nos enseña cómo hacerlo, los conceptos espirituales pueden acabar creando dudas e incertezas que desembocan en el rechazo.

Tanto Dignaga como Dharmakirti eran muy conscientes de este hecho, por este motivo en sus textos subrayaban la necesidad de utilizar razones a través de las cuales la mente pudiera comprender todo aquello que no es evidente a los sentidos.

En un momento de desánimo, estando Dignaga a punto de concluir su trabajo laboriosamente tallado sobre una piedra de pizarra plana, lanzó la tabla al aire y formuló este pensamiento: "Si la tabla cae al suelo dejaré de escribir y mi texto quedará inacabado". Cuenta la leyenda que la tabla de pizarra no cayó, sino que se quedó suspendida en el espacio, sobre el regazo del Buda Manjushri, personificación de la sabiduría Iluminada. Manyushri reprendió a Dignaga con estas palabras: "Debes seguir escribiendo, termina ya tu trabajo porque en un futuro ha de ser muy útil para la espiritualidad de todos los seres". Así lo hizo hasta terminar el famoso *Compendio de los Medios para un Conocimiento Válido* (Skt: pramanasamuccaya).

Dejando a un lado los aspectos mágicos y extraordinarios de esta leyenda, quiero resaltar la importancia del simbolismo de la misma en varios puntos. El ejercicio de la lógica es uno de los pilares de la filosofía budista y es, precisamente, el buda Manyushri, la personificación de la sabiduría — o "Sofía" — quien se le aparece a Dignaga.

Que Dignaga lanzara la piedra de pizarra al aire indica que era muy consciente de lo fácil que resulta creer todo lo que nos dicen en lugar de investigar nuestras convicciones para ver si son correctas, lógicas y razonables.

Es cierto que en occidente asociamos religión y fe ciega, seguramente a causa de la feroz represión que los jerarcas del antiguo cristianismo ejercieron sobre sus fieles para reprimir la cultura pagana. Fue especialmente perseguida la filosofía porque animaba al hombre a introducir el uso de la razón y el pensamiento. Aunque, posteriormente, los monjes de la Edad Media se dieron cuenta del aciago error y se enfrascaron en el estudio de aquellos libros proscritos para acercar la razón a la fe.

No se puede negar que la fe proporciona beneficios subjetivos a quien la profesa, pero sí, además, esta fe está basada en el buen juicio, se obtiene la ventaja añadida de activar la sabiduría espiritual que nos propulsa rápidamente hacia la Iluminación. A partir de entonces practicamos porque *sabemos* exactamente a donde queremos llegar y cómo hacerlo. No porque sea una imposición social, una costumbre o porque ya lo hacían nuestros padres.

La definición de fe es: "un factor mental que cuando se relaciona con objetos como la ley de causa y efecto, las Tres Joyas y otros, produce un estado alegre y libre de la agitación interior que provocan las emociones aflictivas". La función de la fe es actuar como base para generar cualidades virtuosas. Se podría traducir también como "confianza" o "convicción".

En un Sutra, el Buda dijo que, del mismo modo que una semilla quemada no tiene poder para germinar, sin el componte de la fe, las cualidades positivas no tienen nutrientes para desarrollarse. Las escrituras hablan de tres tipos de fe.

La fe de la aspiración: es el deseo de seguir el Dharma

entendiendo sus cualidades. Significa despertar un vivo interés por implicarse en el sendero espiritual y obtener la liberación del samsara escuchando — por ejemplo — enseñanzas sobre las Cuatro Nobles Verdades.

Si no tenemos fe o confianza en una práctica particular nos faltará el deseo de implicarnos en ella. Si tenemos fe en Buda crecerá en nosotros la aspiración de seguir sus pasos y esto nos animará a practicar el sendero.

La fe de la admiración es un estado mental sereno y libre de conceptos negativos. Surge viendo las cualidades del Buda, el Dharma, la Sangha y los Maestros. También se denomina "fe clara" porque, en su estado ordinario, la mente es como agua mezclada con barro, pero una vez se despierta este tipo de fe, es como si el barro se posara en el fondo y el agua se volviera nítida y transparente.

La fe de la creencia es la que surge cuando uno es plenamente consciente de la infalibilidad de la ley de causa y efecto y de las virtudes de las Tres Joyas. Puesto que es fruto del análisis es una fe muy firme; está basada en la fe de la admiración, pero es más fuerte y estable. Desde fuera podríamos decir que es parecida a la fe ciega la única diferencia es que surge del análisis personal.

Los puntos que se enumeran a continuación se han ido desarrollando a lo largo del texto; nos ayudarán a ver la necesidad de entregarnos a una fuente de refugio:

1. Comprender nuestra situación existencial, descrita en las dos primeras Nobles Verdades.
2. Entender que nuestra mente trasciende esta vida.

3. Conocer la naturaleza de Buda.
4. Explorar la probabilidad del cese, del que hablamos en la tercera Noble Verdad.
5. Practicar el sendero, que es la cuarta Noble Verdad.

Los cuatro primeros puntos ya se han explicado y, para terminar, abordamos el quinto.

LA VERDAD DEL SENDERO

No existe sendero sin tu participación activa. Has de ser tú quien construya la carretera que te lleve al Nirvana. No existe un "sendero mágico" que te transporte hacia otro estado sin exigirte nada. El sendero, como ya sabes, empieza con la identificación del sufrimiento y las causas que lo producen, porque sólo entonces tendrás interés en abandonarlas.

Chogyam Trungpa solía decir que el sendero no existe a menos que tú estés dispuesto a andarlo. Al adentrarte en él te conviertes en el arquitecto que lo crea, en el peón que lo construye y en el andariego que lo recorre. Eres los tres a la vez. "Haces camino al andar" y, mientras fluyes, la autopista se va construyendo, tú eres quien la supervisa y quien se desliza por ella.

¿En que consiste el Sendero? La tradición theravada nos habla del Sendero Óctuple, y en la tradición mahayana se describen los *Tres Adiestramientos Superiores*: ética, concentración y sabiduría.

De manera específica, el Sendero del bodhisatva consiste en ceñir tu práctica al desarrollo de las Seis Perfecciones que se describen a continuación. Abarcarían el Óctuple Sendero y los Tres Adiestramientos. Las presentaré a modo de breve introducción al famoso tratado mahayana *Una Guía a la Forma de*

Vida del Bodhisatva (Bodhisatvacaryavatara)[14], que re-cibí de mi Maestro Gueshe Tamding Gyatso, siendo la primera vez que se daban en España.

Recto lenguaje
Recta acción — ÉTICA
Rectos medios de vida

Recto esfuerzo
Recta atención — CONCENTRACIÓN
Recta concentración

Recto entendimiento
Recto pensamiento — SABIDURÍA

ÉTICA

Es preciso tener muy claro el sentido de la ética según la práctica budista. Desde la perspectiva de la ley de causa y efecto — o karma —, podemos asegurar que existe una especie de "moralidad natural" que rige las vidas de todos los seres conscientes. Esta no es una ley inventada por el Buda u otro ser celestial, más bien es una pauta que asegura cierta estabilidad en la vida.

En el budismo, malo o bueno, positivo o negativo, son conceptos que se valoran en función de las experiencias que derivan de cada uno de nuestros actos. Cuando alguien se topa con una adversidad, puesto

---

14 El lector puede leer los versos de la Guía a la Forma de Vida del Bohisatvacaryavatara, en mi traducción Destellos de Sabiduría y el comentario de Gueshe Tamding Gyatso en los tres volúmenes llamados Tesoros de la Meditación, publicados todos ellos por Ediciones Amara.

que le hace sufrir, lo califica como algo malo o negativo; si la experiencia es de bienestar, es buena o positiva. Cada uno de nuestros actos está preñado de un potencial cuyas consecuencias son o serán experimentadas por su perpetrador, aun después de transcurridas miles de vidas.

Para evitar el dolor, el compasivo Buda aconsejó empezar a dar los primeros pasos en el camino a la perfección siguiendo la guía de la *disciplina ética, el abandono voluntario* de aquellos actos cuya consecuencia es sufrimiento. Para tal fin son muy necesarias la atención y la vigilancia porque ambos elementos son imprescindibles para proteger la mente, se describen de manera extensa en el *Bodhisattvacaryavatara* con versos como los que vienen a continuación:

> Un elefante indómito no puede con su locura
> causar la miseria de los infiernos profundos, pero el
> elefante desbocado de mi mente, sí puede hacerlo.

La miseria y la virtud dependen de nuestra mente, en consecuencia, protegerla es de suma importancia. Shantideva incluso asegura que el medio ambiente en que cada uno de nosotros se mueve es una "construcción" de la propia mente. Las emociones aflictivas son como los ladrillos que van configurando el reino de existencia samsárica que nos toca vivir. La estrofa siguiente así lo señala:

> ¿Quién creó adrede las armas que torturan a los
> los seres infernales? ¿Quién creó el suelo de
> cobre ardiendo?¿De dónde surgieron las mujeres del
> infierno?

El Poderoso ha dicho que estos fenómenos son producidos por una mente maligna, por tanto, no hay nada que temer en los Tres Mundos a excepción de la propia mente.

Como se ha mencionado, el método sublime para proteger la mente a través de la ética consiste en desarrollar al máximo, la atención y la vigilancia. La atención, en este contexto, entraña, 1) recordar las actividades positivas, 2) evitar las negativas, y 3) poner en práctica los consejos de nuestros Guías Espirituales. La vigilancia es el espía que comprueba si la atención está cumpliendo su función. Ambos trabajan unidos formando un cerco alrededor de la frágil florecilla de la bodhichita, la ayudan a crecer para que pueda embellecer el jardín de nuestro crecimiento espiritual.

Existen tres tipos de ética: apartarse de lo negativo, practicar lo positivo y beneficiar a los demás.

LA PACIENCIA

La psicología budista clasifica como principales responsables de la existencia samsárica a los tres engaños raíz: la ignorancia, el apego y el odio. La perfección de la paciencia contrarresta el odio, la perfección de la concentración elimina el apego, y la perfección de la sabiduría destruye la ignorancia.

El odio es el más destructivo de todos los engaños, tanto a nivel individual como colectivo o social. La paciencia aborta no solo el odio desmedido, cuyas consecuencias pueden ser devastadoras, sino cualquier sentimiento de desagrado o tribulación, y constituye la mejor práctica para acumular mérito. Hay muchas estrofas del *Bodhisattvacaryavatara* que presentan las ventajas de la paciencia y las desventajas de seguir perpetuando el odio y sus diferentes ramificaciones: aversión, frustración, ira o resentimiento. No hace falta estar absolutamente convencidos de que existen las vidas futuras para sentirnos motivados y practicar paciencia, Shantideva nos asegura que:

> El odio es el peor enemigo y crea sufrimientos
> como éstos, pero quien lo elimina será feliz ahora
> y en el futuro.

Puesto que un elemento imprescindible para tener éxito en las prácticas del Dharma es la familiaridad con dichas prácticas, Shantideva nos anima así:

> Los auténticos héroes son aquellos que dejan su propio sufrimiento y vencen a enemigos como el odio y demás; los guerreros comunes sólo vencen sobre cadáveres.

Los elementos de reflexión más poderosos para practicar paciencia son los que nos recuerdan aspectos del Dharma como el sufrimiento, la renuncia, la ley de causa y efecto, la compasión o la vacuidad. Todos ellos son utilizados por el practicante para convencerse de lo absurdo de generar odio, ira o rencor hacia cualquier ser vivo. Existen tres tipos de paciencia: aceptar voluntariamente el sufrimiento, pensar en el Dharma y no generar deseos de venganza.

EL ESFUERZO

Para alcanzar la Budeidad el practicante ha de obtener el Cuerpo de la Forma y el Cuerpo de la Verdad. Las perfecciones como la generosidad, la ética y la paciencia son las causas para obtener el Cuerpo de la Forma, mientras que la unión de las dos perfecciones restantes, concentración y sabiduría, producen el Cuerpo de la Verdad. Pero ambos Cuerpos dependen de la perfección del esfuerzo, que es eje central para obtener cualidades espirituales.

Es de suma importancia identificar con precisión lo que entendemos por esfuerzo. *La Guía* lo define con las palabras siguientes: sentirse alegre al implicarse en actividades de Dharma. La debida aplicación del esfuerzo asegura una constancia inquebrantable en la práctica.

Puesto que el enemigo principal del esfuerzo es la pereza, un buen número de estrofas van dirigidas a identificarla y superarla, aplicando el antídoto necesario. Hacerlo es vital pues muchas de las actividades que adornamos con el calificativo de esfuerzo, no son más que formas veladas de pereza. Shantideva detecta tres tipos de pereza: indolencia, atracción por lo negativo y desánimo. Tres estados por los que pasamos a menudo en nuestro largo deambular por la existencia cíclica. Actividades como perder horas tumbados en el sofá viendo la tele, dejarnos llevar por derroteros mentales sin rumbo fijo, la adicción al sueño y entregarnos entusiasmados a pasatiempos banales, son ejemplos de pereza. La pereza del desánimo es aquella que nos paraliza porque nos sentimos incapaces de superar ciertas metas. En definitiva, la pereza significa desperdiciar el potencial de que disponemos para desarrollarnos plenamente y conseguir no solo beneficios personales, sino colectivos.

Con el objetivo de hacernos abandonar la pereza, Shantideva presenta reflexiones sobre la muerte, el sufrimiento y sobre el gozo resultante de abandonar el samsara para despertar del profundo sueño en el que nos hallamos aletargados. Nos amonesta así:

> Confíate en la barca del cuerpo humano y cruza
> el gran río del dolor. Es muy difícil volver a encontrarlo,
> entonces, ¡ no debes dormirte ahora, estúpido !

Si aplican el debido esfuerzo, incluso las moscas, los mosquitos, las abejas y demás insectos obtendrán la insuperable Iluminación. La perfección del esfuerzo va tomando cuerpo cuando se combinan sabiamente la inspiración, la inmutabilidad, la alegría y el descanso. La inspiración surge viendo las desventajas de seguir en el samsara y los beneficios de obtener el Nirvana. La inmutabilidad es fruto de nuestro fuerte sentimiento de confianza en el potencial humano. La alegría es la consecuencia de ver los efectos de la práctica. El descanso debe aprovecharse cuando, habiendo aplicado el esfuerzo, rozamos nuestros límites físicos y mentales.

De manera muy especial Shantideva nos aconseja aplicar un esfuerzo inmutable por evitar la proliferación de los engaños en nuestro interior, nos dice que, aun pareciendo diminutos, estos crecen y dificultan nuestro compromiso espiritual:

> Al igual que el veneno invade todo el cuerpo
> gracias a la circulación de la sangre,
> si un engaño se abre camino en la mente,

ésta se llenará de negatividad.

El esfuerzo es especialmente necesario para cultivar las dos perfecciones siguientes: concentración y sabiduría. Para penetrar en la complejidad de la sabiduría, se nos hará evidente que:

No he de dejarme vencer por el desánimo
 con pensamientos como ¿será posible Iluminarme?
Los Tathagatas dicen siempre la verdad
y así lo han confirmado.

LA CONCENTRACIÓN

La concentración absoluta se conoce como Permanencia Apacible. "Permanencia" significa capacidad mental para fijar la atención sobre el objeto de meditación escogido. El término "Apacible" indica que se han eliminado, además, todo tipo de distracciones y obstáculos. Una de las características innatas de la mente es la tendencia a dejarse llevar por la distracción y los engaños. Shantideva nos recomienda un remedio para curarnos de esta adicción: aislar el cuerpo y la mente. Solo que nuestro intenso apego a las personas y a las actividades cotidianas dificulta que nos entreguemos a estos dos tipos de soledad. También nos recuerda lo infructuoso de nuestra búsqueda de la satisfacción a través de los objetos de los sentidos: formas, sonidos, sabores, olores y objetos tangibles:

Debo apartarme de todo ello porque así es como se comportan los sabios.

Su falta me desquicia, pero aunque los vea
tampoco me sentiré satisfecho y, como siempre,
el ansia me seguirá atormentando.

Nos reprende de una manera tan directa y contundente porque, por mucho que tratemos de justificar nuestra esclavitud hacia esos objetos:

Si sólo pienso en ellos, la vida pasará
y no habré extraído significado alguno.

Shantideva se explaya en su explicación de las ventajas de permanecer en soledad y los inconvenientes de apegarnos a nuestro propio cuerpo tanto como al de los demás. Su intención es alejarnos del peor enemigo de la concentración: el apego al cuerpo. Por esta razón, algunas de las estrofas nos describen con detalle su naturaleza dolorosa y repulsiva. Quizá podríamos pensar que dejándonos guiar por estas estrofas, nuestra concepción de la vida empezaría a ser triste y desaborida. Pero, de nuevo, el objetivo de Shantideva no es hundirnos en la miseria sino otro muy distinto: prevenirnos para que no nos deslumbren el oro y los diamantes que nos ofrece el samsara, pues no son más que latón y cristales, solo valiosos en apariencia:

Me agoto para conseguir algo poco trascendente.
Los que se apegan no llegan al despertar
y además experimentan mayores miserias
que los que siguen la vida del Bodhisatva.

Una vez eliminado el apego, la mente es capaz de entregarse sin distracciones a dos prácticas muy especiales para generar la bodhichita: igualarse y cambiarse con los demás. El objetivo de ambas es despertar un sentimiento de equivalencia entre uno mismo y los demás, hasta llegar a sentir por ellos igual interés que sentimos por nuestra persona. Esta actitud nos crea numerosas dudas que para Shantideva son inconsistentes. Con la intención de desvanecerlas nos plantea toda una serie de razonamientos lógicos, contrastados en un debate.

Algunas estrofas van dirigidas a descubrir las desventajas de la actitud egoísta para dar vía libre a la práctica suprema que es cambiarse con los demás. Y a través de esa práctica concebir a los otros como joyas preciosas, capaces de llenarnos de satisfacción y felicidad. En su discurso, Shantideva nos propone colocarnos en el lugar de alguien inferior, superior e igual a nosotros, para combatir nuestros sentimientos de menosprecio, envidia y competitividad respectivamente. Los beneficios de adoptar este cambio de actitud quedan reflejados en versos como este:

> Si en el pasado hubiera practicado el cambiarme
> con los demás, ahora no me hallaría en una
> situación como la presente,
> privado de la magnificencia y gozo de un Buda.

LA SABIDURÍA

El "noveno", así es como se refieren los sabios a este difícil e intrincado capítulo del *Bodhisattvacaryavatara*. Es uno de los temas más complejos de la filosofía budista. Desentrañar su significado correcto ha representado un desafío para muchos eruditos durante siglos, tanto indios como tibetanos. Para llegar a la Iluminación nos hacen falta el método y la sabiduría. El primero comprende prácticas como el amor, la compasión y todos los temas que hemos planteado hasta este momento. La sabiduría se refiere, específicamente, a experimentar la ausencia de existencia intrínseca de los fenómenos y la persona. Este tipo de sabiduría socava directamente la raíz del sufrimiento y sus causas; quien lo posee se libera del samsara. No en balde, justo en la primera estrofa, Shantideva anuncia:

> Todas las prácticas de la doctrina fueron mostradas
> por el Sabio para lograr la sabiduría,
> por ello, quienes desean abandonar el dolor
> deben generarla.

Cultivar cualidades como el amor y la compasión, esforzarnos en la ética y la paciencia, son actitudes indispensables para vivir en el mundo convencional de una manera correcta. Pero, solo la sabiduría nos ayuda a penetrar en la realidad última, la verdadera existencia de los fenómenos. La trascendencia de la sabiduría es obvia, si se entiende que la raíz de todos nuestros problemas en esta vida y las futuras no se halla fuera de nosotros, sino dentro: es la manera confusa de "percibir" y "concebir" la realidad. La sabiduría que comprende la vacuidad acaba con esta confusión endémica y encara al ser con la verdadera dimensión de su propia realidad.

El debate sigue a lo largo de muchas de las estrofas y gira alrededor del argumento de que la realidad percibida por las personas comunes está en disonancia con la realidad que perciben los yoguis o meditadores. Aportando numerosas analogías y razonamientos lógicos, Shantideva refuta los puntos de vista erróneos que proyectamos sobre la realidad.

Uno de los conceptos que ha creado mayor controversia a lo largo de los siglos es la idea de que si los fenómenos no existen de manera intrínseca (o desde su propio lado), no existen en absoluto. Shantideva impugna esta idea con un hábil y refinado análisis en el que prueba la inconsistencia del concepto mencionado. Expone con claridad la visión correcta, tratando de acercarla a todos aquellos que la ignoran.

Así, aparecen en el texto referencias a los Realistas — la mayoría de escuelas filosóficas budistas quedarían incluidas en esta categoría —, observaciones a las líneas de pensamiento no budista, que abarcan desde religiones teístas de la época hasta ponencias materialistas. Todas estas corrientes serán refutadas por la lógica implacable de la escuela filosófica budista más elevada: la prasangika madhyamika.

El desencuentro principal entre otras escuelas y la prasangika, es la existencia, o no, de una entidad que no dependa de otros factores. La escuela prasangika madhyamika es la única que defiende la ausencia total de existencia intrínseca de los fenómenos, sin negar su capacidad de poder funcionar validamente en el mundo. Coliga las dos verdades de que está preñada la realidad: la verdad engañosa y la verdad última. Shantideva nos recuerda también un punto esencial a tener en cuenta cuando tratamos de adentrarnos en la sabiduría que realiza la vacuidad:

> Aquí no se refuta lo que se ve, se oye o se percibe,
> sino el concepto de que todo ello sea
> autoexistente, que es la causa del sufrimiento.

Muchos estudiosos y practicantes, tanto del pasado como contemporáneos, coinciden en afirmar que entender la vacuidad no es nada fácil. El motivo es que la vacuidad desafía nuestra percepción habitual de la realidad. Todas las escuelas de budismo tibetano han tenido yoguis capaces de vencer este desafío y percibir el espacio ilimitado de la realidad última, que está más allá de cualquier concepción dual. Muchos de estos meditadores han dejado un legado de valiosos consejos para acceder a esta experiencia. Lama Tsong Khapa, sustentante de la escuela guelugpa, recomendaba hacer prácticas de purificación y acumular mérito para flexibilizar la mente y prepararla para el estudio. Sin embargo, es de vital importancia recibir instrucciones precisas de personas cualificadas y experimentadas en la materia. Para tener éxito en el estudio de la vacuidad, las mismas enseñanzas deben recibirse una y otra vez. Otra cosa absolutamente imprescindible para identificar con nitidez el objeto que la vacuidad niega, es contemplar y meditar reiteradamente en la enseñanza escuchada.

> Adiestrándose en la aptitud de la vacuidad, su hábito de percibir la sustancialidad se difuminará.
> Y cultivando la visión de que todo carece de existencia intrínseca, su visión errónea también desaparecerá.

Cuando Shantideva habla de vacío — o vacuidad — nos da a entender que los fenómenos están "vacíos" de algo: de un modo de existencia falsamente proyectado y asumido por nuestra mente. Podemos dudar y preguntarnos ¿cómo puede ser falso lo que veo? Sin lugar a dudas, la mente es capaz de percibir y concebir fenómenos del todo inexistentes. Pensemos en una tarde lluviosa, se nos ha empapado el abrigo mientras regresábamos a casa. Lo dejamos escurriéndose en la bañera colgado de una percha. Nos olvidamos por completo del asunto, pero cuando, a media noche, entramos en el cuarto de baño y vemos reflejada en el espejo la imagen del abrigo, nos pegamos un susto terrible pensando que hay alguien detrás de nosotros. Pocos segundos después caemos en la cuenta de que habíamos dejado ahí el abrigo y nos reímos de nosotros mismos. Una percepción errónea ha dado paso a la concepción de que había alguien en nuestro baño. Aunque ha durado segundos, ha sido una experiencia de miedo real sobre una base ficticia.

Pongamos otro ejemplo. Imaginemos un día cálido y apacible de verano. Estamos en la playa y contemplamos el mar desde una loma. El agua está tan clara que permite ver la sombra de las barcas proyectadas en el fondo de arena blanca. Es tanta la transparencia del agua que, por un momento, creemos que las barcas están suspendidas en el aire. Tras esa percepción inicial, la mente concibe lo que ve y le atribuye una existencia particular. La experiencia dura segundos, y un breve análisis hace evidente que han sido la combinación de luz, la trasparencia y calma del agua las causas de nuestra visión. Sin embargo, mientras no teníamos en cuenta todas estas circunstancias, vimos una barca suspendida en el aire, lo cual es un fenómeno totalmente inexistente. Sin embargo, no podemos negar la existencia de la barca, lo único que no existe es una barca que vuele. Y ella sería el objeto a negar. Tanto en relación a los fenómenos como al "yo", todos proyectamos entidades ficticias y nos las creemos. Tenemos una fuerte sensación de "yo", sin embargo, nunca pensamos que este "yo" depende del cuerpo y de la mente; como en el caso de la barca, proyectamos un "yo" que flota por encima de las causas que lo crean, un "yo" independiente. Y no solo esto, asumimos además que esa substancia intrínseca del "yo" es su única forma posible de existencia. Venimos alimentando esta ficción por un hábito creado a lo largo de miles de vidas. Pero, de nuevo, sería absurdo negar la existencia del "yo", lo que no existe es un "yo" independiente, por muy convencidos que estemos de lo contrario.

Shantideva nos presenta distintas reflexiones para darnos cuenta que ni el "yo", ni el cuerpo, ni los demás fenómenos existen tal y como nosotros pensamos. Nos pone en situación de empezar a dudar sobre lo que entendemos por realidad. La sola duda es ya de por sí muy valiosa pues empezará a resquebrajar los cimientos del samsara. Hemos de ver el capítulo noveno como un desafío a nuestros decadentes postulados sobre la realidad y abordar su lectura con un espíritu abierto, curioso e investigador.

GENEROSIDAD

En el último capítulo del *bodhisatvacaryavatara*, la dedicación, se adjunta a la Perfección de la generosidad. Es decir, para poder hacer una dedicación, necesitamos algo que dedicar, en este caso será la virtud o energía meritoria creada por haber leído o estudiado la Guía.

Los grandes Gueshes Kadampa de antaño solían decir: "Las actividades son dos: la del principio y la del final". Se referían a la importancia de generar una motivación bodhichita antes de iniciar cualquier tarea, y a dedicar los méritos creados tras concluirla. Esta energía positiva, invisible pero real, queda depositada en nuestra corriente mental. Shantideva dedica los méritos para que todos los seres vean cumplidos sus deseos, mundanos y espirituales, físicos y mentales, y para que nos familiaricemos con la intención de beneficiar a los demás.

Muchas de las estrofas pueden parecer algo lejanas, incluso fantasiosas, pero la intención detrás de cada una de ellas es transformar la mente de quien las recita:

Que los desvestidos, puedan cubrir su desnudez,
que los hambrientos sacien su hambre,
que los sedientos apaguen su sed con agua
y otras bebidas deliciosas.

Que los pobres reciban riquezas, que los débiles y
apenados encuentren la alegría, que los desesperados
hallen confianza, felicidad y prosperidad.

Recitar de corazón estas palabras mejora, sin lugar a dudas, nuestra generosidad, amor, compasión y buenos sentimientos.

En definitiva, tomar refugio no consiste en rezar cuatro líneas sino más bien en el desarrollo de la compasión, la bodhichita y estas seis perfecciones. ¿De qué serviría recitarlas si no se ponen en práctica las seis perfecciones?

Para un estudio más directo y profundo de libros como
el que acabas de leer puedes visitar:

www.escuelalaicadebudismoymeditacion.es
www.edicionesamara.com